有在理財的專業人士都說好！

如果覺得ＦＩＲＥ太遙不可及，就來試試「微ＦＩＲＥ」吧。只要按照本書所寫的去做，就算最後沒有提早退休，六十五歲的你也一定能過得很舒適！

——姚侑廷 「姚侑廷的自學筆記」粉專版主

如果覺得ＦＩＲＥ離你很遙遠，那你更應該看這本書，「微ＦＩＲＥ」是我認為最適合大眾的生活型態。

——魯爸 魯爸的財富自由之路版主

這本書特別適合二十至三十歲的年輕上班族，提早開始無痛規畫自己的「微ＦＩＲＥ」，早點實現財務自由。

——李佳芸 說走就走去找越南女神粉絲專頁版主

「微ＦＩＲＥ」的２．５％法則可以兼顧現實人生與夢想需求，又能健康無壓力地運作。這也是我正在執行的好方法！

——Jet Lee Jet Lee 的投資隨筆版主

作者所要傳達的理念：財務獨立、指數化投資、半退休做自己喜歡有意義的工作、發揮所常為社會創造價值，很符合我頻道所提倡的各種理念，非常推薦本書的內容！

——清流君 財經 YouTuber

以往所見FIRE相關的書籍以美國作者為主，本書為來自日本的不同觀點，可為人生的財務規畫，提供一種合理的選擇和具體可行的作法。

——張遠　ffaarr 投資理財部落格版主

這是一本不談太多理論、而是提供許多「務實建議」的財務獨立指引手冊。

——Mr.Market 市場先生　財經作家

「微FIRE」真的是具體可行、相當棒的生活模式，我個人也是這樣進行，值得大力提倡！

——愛瑞克　《內在原力》作者、TMBA 共同創辦人

誰說財富自由一定要賺到大錢，其實只要降低欲望，自由就能早早實現，快跟本書作者學習「微FIRE」技術吧！

——鄭俊德　閱讀人社群主編

國家給的鐵飯碗無法成為我的終生職業，自由創作者需要獨自承擔工作開銷和不穩定的收入，我相信一定有辦法同時擁有穩定與自由。本書利用圖文的方式解說，輕鬆學會理財、賺錢、存錢、投資，讓每個人做著自己喜歡的事情並且享受生活，這才是生而為人的本業。

——人生整理師　極簡姐姐巧玉

不是超級精英，也不是大公司高收入的上班族，我想每個人都能從這本書中獲益。書中的2.5%規則也是一項獨特的想法，非常有幫助。

——どど　日本 amazon 讀者

職場說真 24

圖解

半工作半退休的微FIRE理財計畫

上班族也能無痛實現的財務自由

ゆる
FIRE
億万長者になりたいわけじゃない
私たちの投資生活

「三十歲左右退休」管理人 阿千——著 林詠純——譯

FIRE的意思是

Financial Independence＝經濟獨立

Retire Early＝提早退休。

簡而言之，就是建立一筆資產，

並且靠著以這筆資產作為投資的本金

所獲得的收入來生活。

我在三十歲出頭就建立了3000萬日圓的資產，
現在有一部分的生活費靠著喜歡的勞動負擔，
其餘的部分則靠著投資的收入負擔，
實踐「微FIRE（兼職FIRE*）」的生活型態。

但是我既不具備投資的天分，
也並未一夕致富，
更不曾擁有高收入。

* 兼職 FIRE：side FIRE，衍生自 side hustle（活用自己興趣或專長所從事的副業）的名詞，指的是一種透過喜歡的副業或兼職工作等，取得部分勞動收入的 FIRE 型態。

我過去只不過是
年薪300萬日圓的內勤粉領族。

剛畢業時進去的那家公司，並未將我安排到期待的部門，
而是安排我去做內勤工作。

那時的薪水並不高，
年薪大約只有300萬日圓左右。

當時曾是個
上班十二小時也理所當然的「社畜」。

我雖然為了加薪而考取證照，順利調到新部門，
但新的部門非常忙碌。

上班十二小時也理所當然，
工作型態就是所謂的「社畜」。

我曾經住在垃圾屋裡，
東西堆滿房間。

我原本就很懶散，再加上吝嗇的天性讓我捨不得丟東西，
使我非常不擅長整理。

平日忙於工作，回過神來，房間裡已經堆滿東西，
就算明顯是垃圾的東西也捨不得丟，
使房間變成連站的地方都沒有的垃圾屋。

老公是賺多少花多少的
月光族。

老公對於金錢的價值觀與我完全相反。

我在單身時
就已經建立了3000萬日圓以上的資產，
因此在結婚時幫老公償還了他的債務，
但老公至今仍是個賺多少花多少的
月光族（不如說他工作是為了花錢）。

因此我們的帳務完全分開，生活費也完全對半分。

「我並不奢望成為億萬富翁，
也不是完全不想工作。
只不過，我希望工作能比現在
再稍微輕鬆一點……」

如果你有這樣的希望，本書將為你介紹

微FIRE

這種生活型態與工作方式。

微 FIRE 是這麼一回事

並沒有把成為富翁
當作目標！

希望工作比現在更加輕鬆愉快，有更多自由的時間……微 FIRE 是實現這個願望的手段。

正因為是微 FIRE，
所以像我這樣的平凡
OL 也能夠實現。

資產比
完全 FIRE 少
也 OK！

微 FIRE 還是會持續輕鬆地工作，因此，為了展開 FIRE 生活所需的資產較少，也沒問題。

微 FIRE 之後，資產仍會持續增加！

微 FIRE 採用「2.5% 法則」，因此在達成微 FIRE 之後，資產其實仍會緩慢增加。

靠著做喜歡的事情隨便賺點錢也足以生活！

達成微 FIRE 後的勞動收入只有現在的一半也無所謂，無論是成為自營業者隨便賺點錢，或是在喜歡的業界打工都可以！

能夠分散暴跌的風險！

微 FIRE 後，即使股票市場暴跌，導致資產蒸發，只要有勞動收入就能減輕風險。

從事喜歡的工作雖然風險很高，但只要擁有資產，就能安心。

只要達成微 FIRE，就能與忙到昏天黑地的日子說再見。

輕鬆從事喜歡的工作，擁有更多自己的時間。

當員工的時候

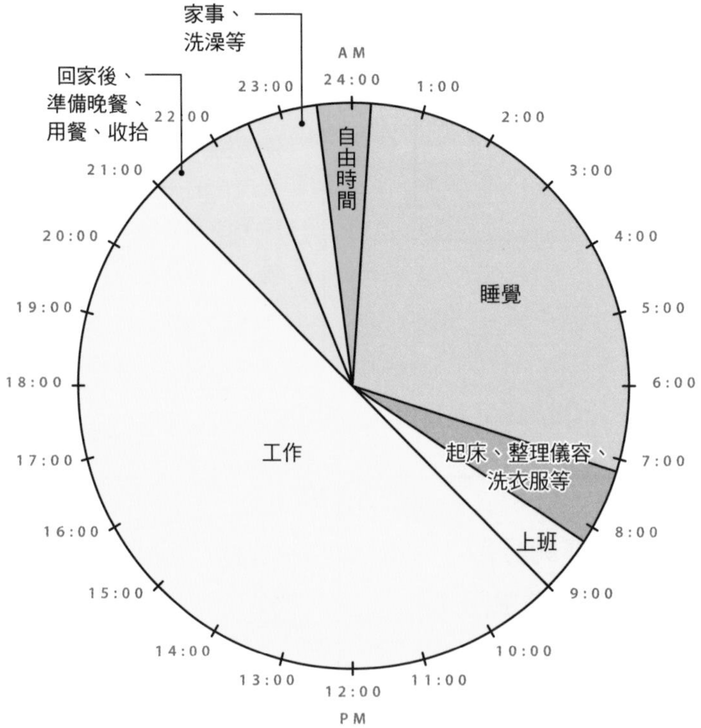

現在的工作時間視
當天的心情而定！

微 FIRE 後

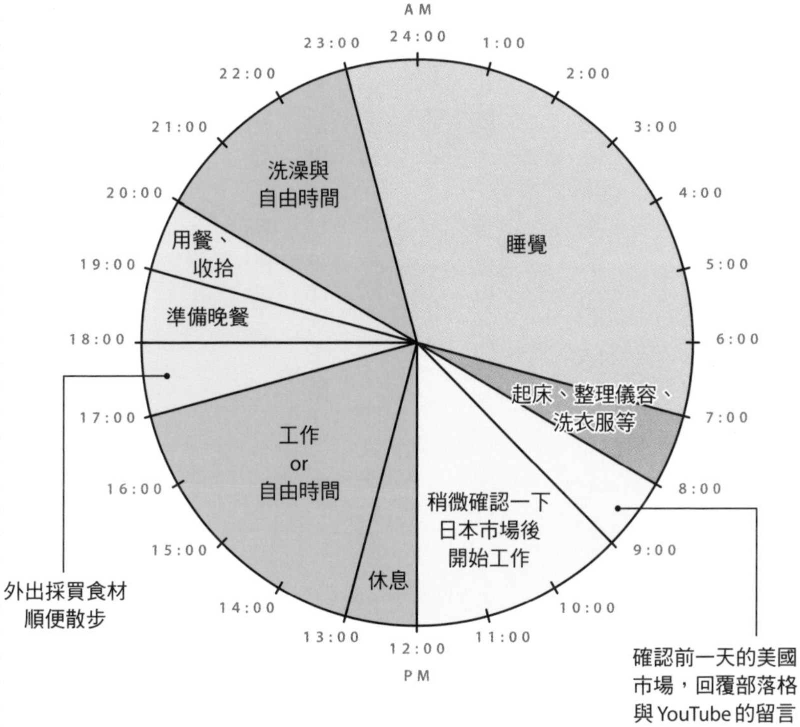

如果是微FIRE，你也能夠達成！

「但是我不懂投資，FIRE什麼的聽起來也很難……」

我似乎可以聽見這樣的聲音。

的確，認真想要達成FIRE的人，很多都將儲蓄率（儲蓄額相對於收入的比例）設定為70～80%。

「這怎麼可能！」會這樣想也無可厚非。

實際上，想靠著儲蓄率70～80%達成完全FIRE的目標，就得被迫過著「高收入＋過度節約的生活」。這麼一來生活就會相當辛苦。

我的人生座右銘
就是
「輕鬆又愉快」！

不過，如果是生活費一半靠勞動供給，另外一半來自資產收入的微FIRE，**那麼簡單的推論下來，只要存到完全FIRE一半的金額就能達成。**

我曾經是普通的粉領族，也曾有和常人一樣的物欲，所以我也希望各位在資產建立期能夠**輕鬆不勉強地逐漸擴增資產。**

Which type you are?

你屬於哪種類型？達成微FIRE的三種模式

有些人擅長存錢，但也有人不擅長。因此本書將透過下列三種模式，為各位介紹達成微FIRE的途徑。請參考自己比較接近的模式讀下去。

不擅長賺錢
但是很會存錢的

存錢高手

年薪

380萬日圓
（實領 300 萬日圓）

年生活費

150萬日圓

＊年薪另當別論，如果你覺得「這麼一點錢根本不夠生活！」那也沒關係，即使無法立刻實現這樣的存錢步調也無所謂。本文將會慢慢解說，請安心地往下讀。

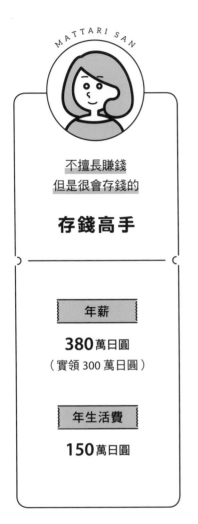

SUKKIRI SAN

無論賺錢還是存錢
都能努力的

精打細算女士

年薪

520萬日圓
（實領 400 萬日圓）

年生活費

150萬日圓

KIBIKIBI SAN

擅長賺錢，
但是不擅長存錢的

很會賺小姐

年薪

520萬日圓
（實領 400 萬日圓）

年生活費

200萬日圓

附帶一提，
我屬於這種類型！

普通的粉領族，
資產也能增加到這個程度！

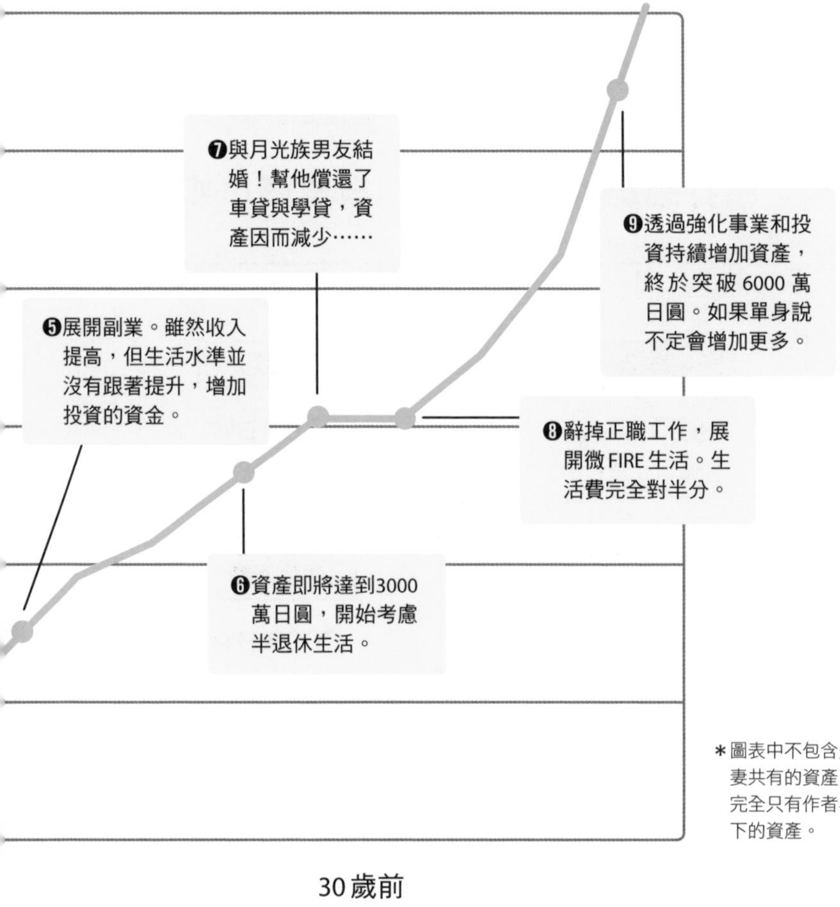
❼與月光族男友結婚！幫他償還了車貸與學貸，資產因而減少……
❾透過強化事業和投資持續增加資產，終於突破 6000 萬日圓。如果單身說不定會增加更多。
❺展開副業。雖然收入提高，但生活水準並沒有跟著提升，增加投資的資金。
❽辭掉正職工作，展開微 FIRE 生活。生活費完全對半分。
❻資產即將達到3000萬日圓，開始考慮半退休生活。
30歲前

＊圖表中不包含夫妻共有的資產，完全只有作者名下的資產。

我從二十歲就開始投資，十幾歲就進入物欲爆發的揮霍期，一方面也是因為這兩段時期都開始得較早，所以在年紀輕輕的三十多歲時就展開了微 FIRE 生活。我想一般人會比我晚個十年，因此現在開始也不遲！

個人資產額的變化

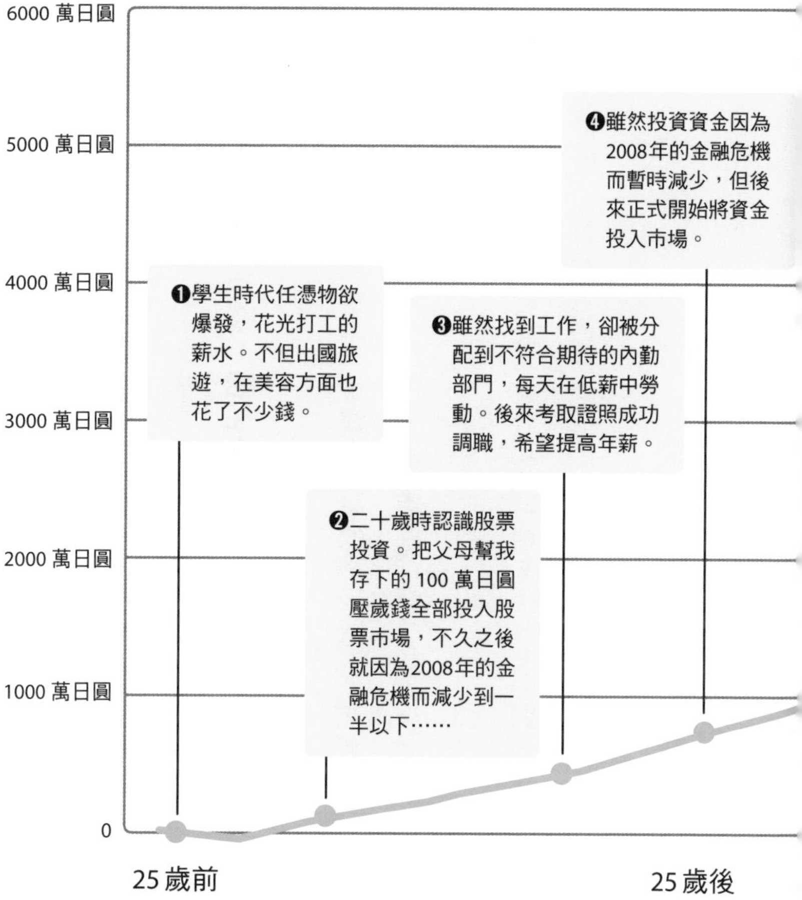

我所採取的方法是
「副業（賺錢）× 極簡生活（存錢）× 投資（增加資產）」

我絕非高收入，也沒有過著極端的節約生活，更不是因為投資而一夕致富。我只不過是腳踏實地實踐建立資產的經典方法：**賺錢、存錢、增加資產**。

因此，對於想在本書中尋求建立資產的密技的讀者非常抱歉，我走到這個地步，靠的只不過是單純地花了許多時間。

不過正因為如此，我想本書介紹的「微FIRE」對於多數人而言，也是可以輕易實現的方法。

為了達成微 FIRE 所做的三件事情

1 賺錢 = 本業 × 副業

提升本業的薪水不用說，再加上為了創造其他收入來源而展開的副業。

2 存錢 = 極簡生活

不單純只是節儉，也轉向減少生活必需品的極簡生活。這個方法能夠在無壓力的情況下節省時間與金錢，不只房間，就連心情也變得清爽，使行動更有效率。

3 增加資產 = 投資

將透過副業與極簡生活得到的剩餘資金一點一滴拿去投資，讓資產逐漸增加。

實現的步驟

微FIRE達成指南

本書將依照「賺錢↓存錢↓增加資產」的順序，介紹達成微FIRE的途徑。請參考接下來的指南讀下去。

START

CHAPTER 1

微FIRE的基本概念

FIRE到底是什麼意思呢？本章將從這裡開始，介紹微FIRE的基本概念。同時也會說明存錢高手、很會賺小姐、精打細算女士達成微FIRE的模式。

#2.5%法則　#必要資產額　#儲蓄率　#揮霍期

CHAPTER 2

透過本業×副業賺錢

首先從賺錢的部分開始吧！本章將介紹如何提高年薪，以及希望各位務必挑戰的副業。

#提高本業年薪　#跳槽　#副業　#賺點數

CHAPTER 3

透過極簡生活存錢

如果存錢時因為節約而感到有壓力，儲蓄就無法持續。因此本書將引進極簡生活的概念，介紹無壓力又舒暢的存錢方法。

#節約　#極簡生活　#記帳本　#無現金交易　#便利家電

CHAPTER 4

利用基金增加資產

存了錢之後，終於可以透過投資增加資產了！投資一點也不麻煩。只要分散風險，放著不管資產也能確實增加。本章也會分別根據三種類型，給予使用NISA與iDeCo等帳戶的讀者建議。

#指數型基金　#NISA　#iDeCo　#高股息股票

GOAL

CHAPTER 5

終於達成微FIRE！

即將達成目標資產額的時候，有些事情必須確認。辭掉現在的工作之後要做什麼呢？生活據點在哪裡？靠著這些資產額足以生活嗎？完成最終確認之後，終於可以開始微FIRE的生活！

#人生規畫　#提領資產　#到100歲的資產額變化預測

賺錢

CHAPTER 2

靠著本業×副業賺錢

CHAPTER 3 存錢

靠著極簡生活存錢

增加資產

CHAPTER 4

靠著基金增加資產

FIRE

CHAPTER 5

終於達成微FIRE！

※如果本文中沒有特別說明，本書的內容所根據的是二〇二一年十月的資訊。今後也可能未經預告而變更，敬請留意。

※本文的敘述，根據的是作者的分析結果，雖然已經充分注意，但不保證絕對能夠拿回本金。關於參考本書投資所得到的結果，作者以及本書的發行者不負任何責任。請讀者根據自己的判斷選擇投資對象與商品等，做出投資的最後決定。

※本書的資訊終究是以提供資訊為目的，並非推薦、勸說購買特定商品。關於個別商品的詳細資訊，請直接洽詢各金融機構。

※投資獲利與勞動收入基本上必須繳稅。本書為了方便計算，稅金以大致金額進行試算，因此可能與實際的金額不同，敬請見諒。

BASIC

CHAPTER

1

微 FIRE 的基本概念

首先從「微 FIRE 是什麼？」「什麼是 4% 法則」開始，介紹微 FIRE 的「2.5%」法則，以及需要多少資產、如何存下這些資產等。

BASIC

01 需要的條件只有比別人稍微多努力一點

我想要跟各位強調一件事，**你不需要覺得自己必須比別人加倍會賺、必須過著想要的東西全部忍著不買的極端節儉生活，或者必須從事高風險的投資以大幅增加資產等等**。

根據日本總務省的「家計調查二〇二〇年」，除了房租之外，獨自生活者每個月的平均生活費約13萬日圓。如果再加上5萬日圓的房租約18萬日圓，因此獨自生活者每年的平均生活費約220萬日圓。

現在的平均年薪為433萬日圓，因此實領金額大約330萬日圓。

微FIRE以儲蓄率50%為目標，所以只要比平均值再稍微努力一點，賺到實領360萬日圓的年薪，比平均值稍微節省一點，將年生活費壓低到180萬日圓，就能確保50%的儲蓄率。

換句話說，**只要比別人稍微多努力一點就能建立充分的資產**。

只要稍微努力一下，就能實現微 FIRE！

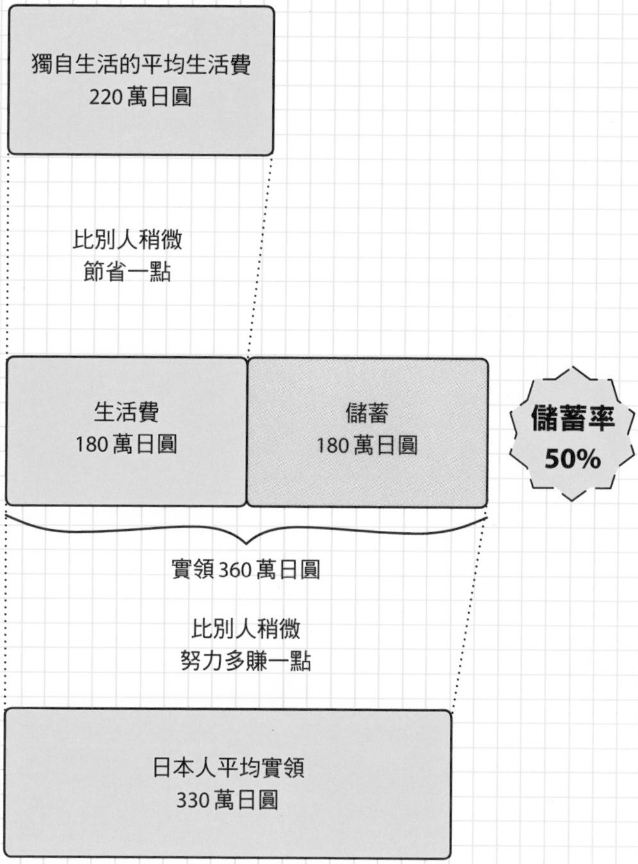

雖然世界上也有人以極端的方式、以最快的速度達成 FIRE，但是不需要做到這個地步。
邊享受達成前的人生邊進行吧！

BASIC

02 建立資產從幾歲開始都不遲！

雖然本書接下來會建議從三十多歲開始建立資產，但其實從幾歲開始都不遲。

我的部落格或 YouTube 頻道，也經常會有四十至五十多歲的人來留言詢問：「現在才開始建立資產會不會太晚？」但**只要趁著有工作、有收入的時候開始就沒問題**。

或許沒辦法在退休年齡之前達成半退休，但只要多少有些累積資產，就能減少對於老後生活的擔憂。

因為**興起想要建立資產的念頭的那一瞬間，就是你最年輕的時候**，想到就立刻開始吧！接著在自己的能力範圍內，不勉強自己，試著用**比現在稍微努力一點的感覺進行**。

接下來就讓我們開始説明FIRE吧！

BASIC

03 FIRE的基本概念

FIRE是一種**提早退休的概念，指的是存到充足的資金，靠著以這些資金為本金投資所賺取的利潤（資產收入）**生活。

FIRE裡面包含了「4％法則」這樣的概念，意思是**「只要能將年生活費控制在投資本金的4％以內，就能在不減少資產的情況下生活」**。

不過這個4％是根據美國的股票市場進行研究所得到的結果，我們必須暫時停下來思考日本的生活是否也適用。我個人認為，日本因為通貨緊縮使得物價低廉，社會保障也很充實，因此基本上不會有問題。甚至可以說，如果將大部分的資產轉換為美股持有，並且在日本生活，風險說不定比在美國生活還要低。

不過，日本正因為社會保障充實，所以有「長壽風險」（因為長壽就需要更多的生活費）。此外，就算理論上可行，實際上真的每年都能提領4％的資產嗎？

也必須考慮這樣的精神負擔。綜合考慮這些因素，我自己實際嘗試過後，認為可行的界線應該是**「每年提領稅後資產的2.5%」，也就是「2.5%」法則**。

FIRE 的「4% 法則」

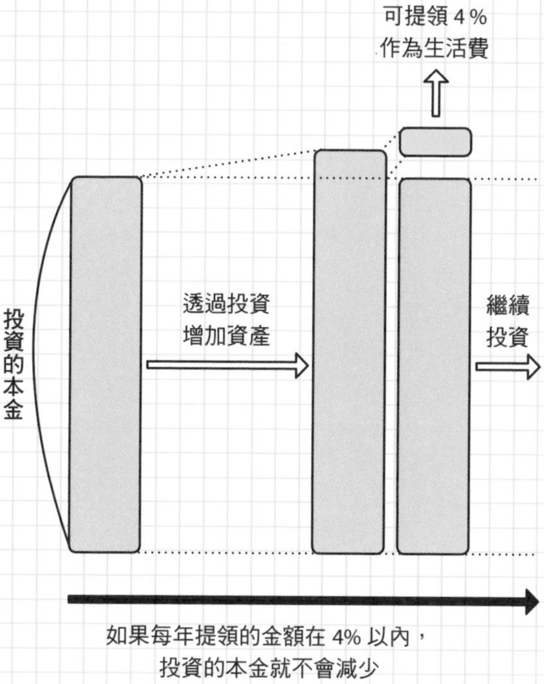
可提領 4%
作為生活費
投資的本金
透過投資
增加資產
繼續
投資
如果每年提領的金額在 4% 以內，
投資的本金就不會減少

據說年利率 5%**（每年增加 5% 左右的利潤）左右對於散戶投資者而言是個相當實際的目標。**

BASIC

04 「4%法則」遇到暴跌就糟了

舉例來說，假設我想要實踐「生活費的一半來自資產收入，另一半來自勞動收入」的微FIRE，而我的生活費約為每年150萬日圓，這代表稅後75萬日圓以上來自資產收入，75萬日圓以上來自勞動收入就能達成。

換句話說，如果根據4%法則，只要有1875萬日圓（75萬日圓÷4%＝1875萬日圓）就能實現，但這個數字實際上給人風險相當高的感覺。

如果發生像金融海嘯那樣的暴跌，導致資產價值減損到一半*，那麼資產就會變成938萬日圓。這時如果想從這938萬日圓中提領生活所需的75萬日圓，那麼就**必須動用高達8%的資產**。

這麼一來，幾乎所有人都會放棄FIRE生活，開始轉向再度就業的生活型態吧？

*資產價值減損：假設資產以股票方式持有，1股＝1000日圓時，100股具有10萬日圓（1000日圓×100股）的資產價值，但如果暴跌至1股＝500日圓，那麼100股的價值就只剩下5萬日圓（500日圓×100股）。

如果 4% 法則遇到暴跌……

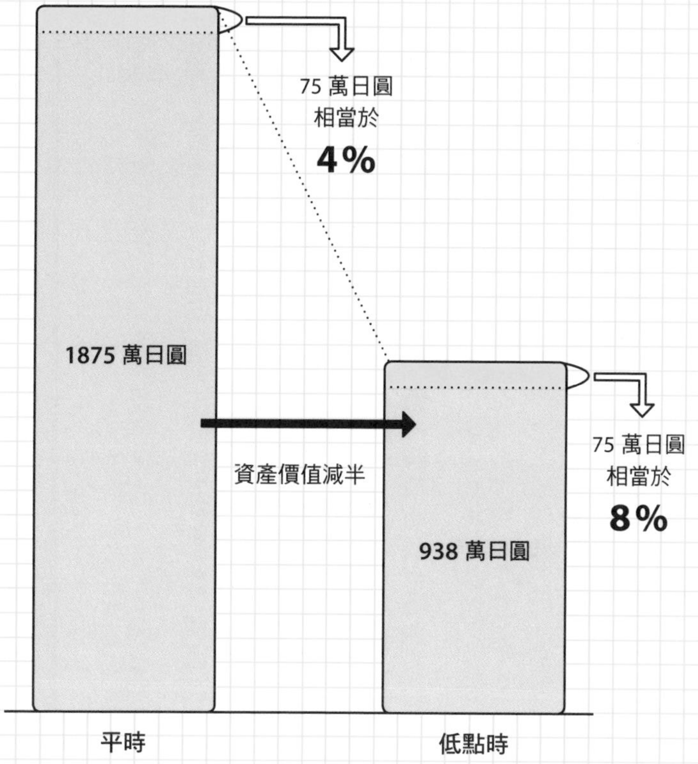

如果動用的比例高達 8%，**那麼投資本金就會減少許多**。就算長期來看不至於破產，**精神上應該還是會撐不住吧？**

BASIC

05 「2.5%法則」遇到暴跌也安全

但如果是每年將稅後的2.5%現金化的「2.5%法則」，剛開始需要的資產額就會變成3000萬日圓，因此即使資產價值因為暴跌而減半，變成1500萬日圓，提領75萬日圓也只相當於資產的5%。

雖然超過4%法則，但這已經是足以規畫東山再起的範圍。

因為**股票市場長期以來一直都是持續成長，因此就歷史來看，即使短期大幅虧損，長期持續虧損的機率也相當低**（詳情將在一三六頁說明）。

所以就算有好幾年都提領5%，只要日後市場恢復，也不至於遭遇近乎破產的打擊。

此外，4%法則是持續維持本金的狀態，**但如果是2.5%法則，即使將稅金納入考量，仍會以2%左右的幅度持續成長**，因此心理上也比較健康！

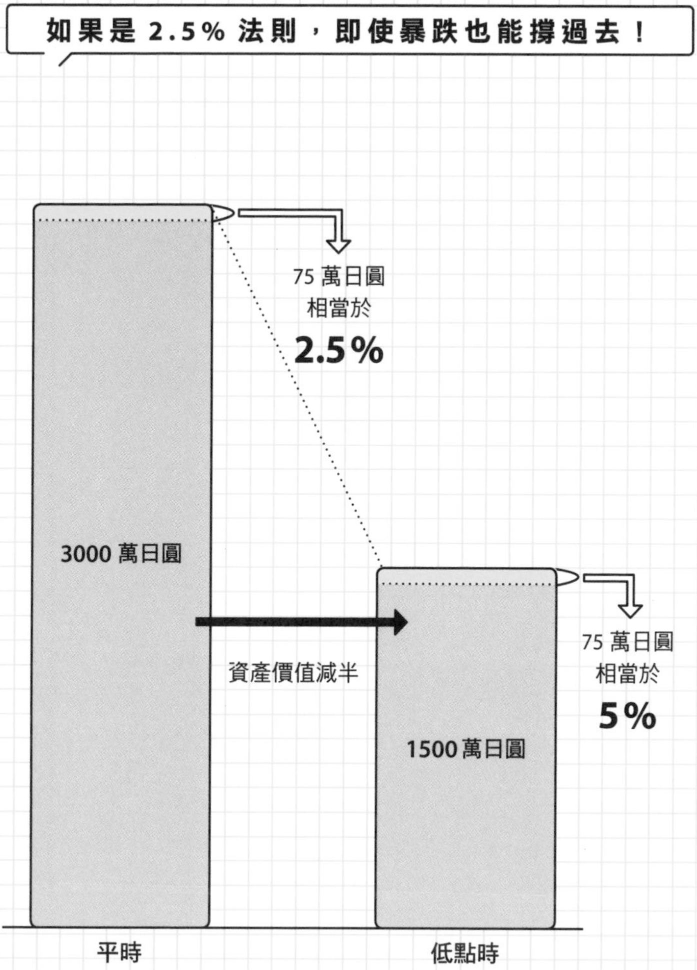

人類是對於損失相當敏感的生物。**因此當出現虧損時，減輕傷害就非常重要。**如果擔心「2.5% 法則真的能讓老後安心生活嗎？」請先看二〇四頁！

BASIC

06 到底需要多少錢才能達成微FIRE呢？

微FIRE一言以蔽之，就是「建立必要生活費二十倍的資產，靠著從中獲得的資產收入（2.5%法則）再加上勞動收入，過著半FIRE的生活」。

那麼，需要建立多少資產，才能實際靠著2.5%法則達成微FIRE呢？

自己的年生活費是多少？

我的年生活費約150萬日圓，但有些人應該更低，有些人則更高。首先請回顧自己近五年左右的支出，算出生活費的平均值。

半退休後大概能賺多少錢？

接著請思考，生活費是要「一半來自資產收入，一半來自勞動收入」，還是要讓資產收入占較高的比例，譬如「三分之二來自資產收入，其餘來自勞動收入」，抑或是要讓勞動收入占較高的比例。如果「資產收入10：勞動收入0」，就會變成完全FIRE，但**生活費來自資產收入的比例愈高，必須準備的資產額也會變得愈多**。因此，建議先想想看**半退休後能賺多少錢？**

這時請根據扣除國民健康保險、國民年金、各種稅金等的實領年薪來思考。舉例來說，假設靠著打工與經營網拍等輕鬆的工作，每年賺到100萬日圓，那麼扣除國民健康保險、國民年金、各種稅金後，實領金額差不多只有70～85萬日圓。

雖然扣除的金額隨著雇用型態、地方、減免制度的使用與否等而改變，但大致上相當於賺得金額的25%左右。

BASIC

07 微FIRE的資金參考範例

舉例來說，年生活費為200萬元，微FIRE後的年薪為133萬日圓（實領約100萬日圓）。那麼剩下的100萬日圓就必須靠資產供給。因此，開始微FIRE時就需要**「100萬日圓÷2.5%＝4000萬日圓」**。

如果年生活費的水準與極簡主義不相上下，只需要上述的一半100萬日圓，那麼勞動年薪也只要一半67萬日圓（實領約50萬日圓），而必要的資產額也跟著減半，只需要**「50萬日圓÷2.5%＝2000萬日圓」**。

此外，如果生活費200萬日圓中的50萬日圓來自勞動收入，剩下的150萬日圓由資產收入供給，那麼必要的資產額就變成**「150萬日圓÷2.5%＝6000萬日圓」**。換句話說，必須靠資產收入供給的部分愈大，開始微FIRE時必須準備的資產額也變得愈多。所以，我還是建議採取能夠均衡運用資產收入與勞動收入的各半形式！

如果根據 2.5% 法則動用資產……

年生活費 200 萬日圓，年薪 100 萬日圓的情況

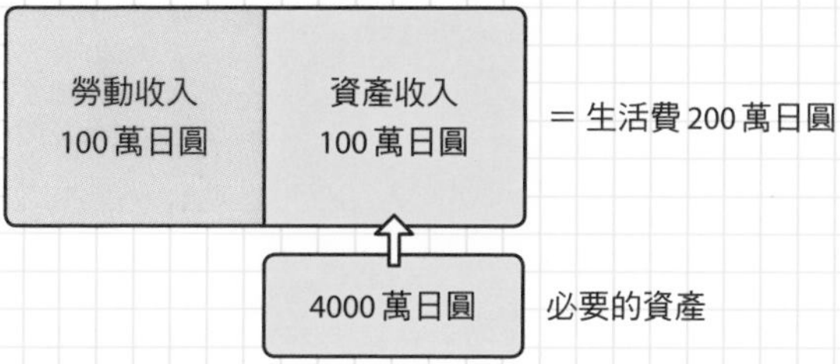

年生活費 100 萬日圓，年薪 500 萬日圓的情況

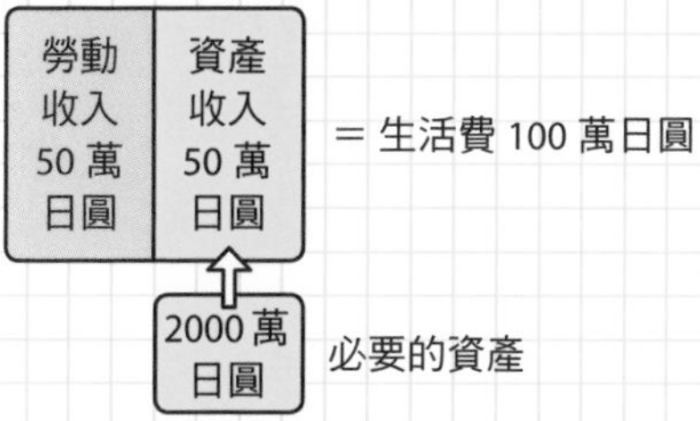

年生活費 200 萬日圓，年薪 50 萬日圓的情況

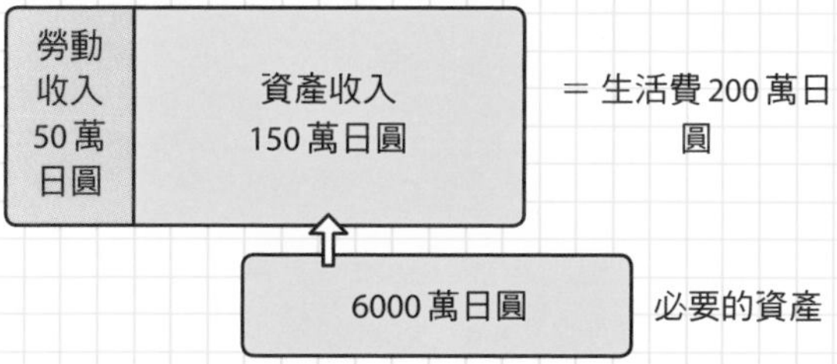

如果想要盡早開始微 FIRE，**如何壓低生活費，以及能夠獲得多少勞動收入**就是關鍵！

* 無論勞動收入還是資產收入，都是稅後的金額。

BASIC

08 該怎麼做才能存錢？才能增加資產？

那麼，各位知道自己必要的資產額與保險的年薪金額了嗎？如同前述，基本上建議資產收入與勞動收入各半，所以也許有人會這麼想：「我現在的生活費是300萬日圓，如果其中的一半150萬日圓由資產供給，那麼需要的資產就是6000萬日圓？我不覺得從現在開始可以存得到啊……」

如果是這種狀況，很可能代表現在的收支平衡，大幅偏離了達成微FIRE所需的合理值。

這個合理值差不多是**儲蓄的金額能夠等於必要生活費的狀態。**

舉例來說，現在的生活費是300萬日圓的人，如果以其中一半靠資產供給的微FIRE為目標，那麼每年存下的金額也必須是300萬日圓，因此，實領收入就需要600萬日圓（如果換算成年薪約800萬日圓）。

如果現在的實領收入只有400萬日圓，微FIRE的目標生活費是300

萬日圓，那就代表生活水準太高了，必須將生活費壓低到２００萬日圓。倘若無論如何都無法降低生活水準，就必須努力靠著跳槽或是提升技能增加收入。

不同實領收入的生活費目標

實領收入	適當的生活費
200 萬日圓	100 萬日圓
300 萬日圓	150 萬日圓
400 萬日圓	200 萬日圓
500 萬日圓	250 萬日圓
600 萬日圓	300 萬日圓

＊資產收入與勞動收入各半的微 FIRE。

這裡就如同三十四頁也提到的，
必須比別人多一點努力！

BASIC

09 目標是儲蓄率50%！

認真以FIRE為目標的人，不要説儲蓄率50%了，甚至還有很多設定為70%或80%。因為必須建立龐大的資產才能達成完全FIRE，而且如果必要的資產龐大，不提高儲蓄率就會太花時間。

不過，我也體驗過這樣的生活，但我的感想是，**除非有相當的覺悟與拚勁，否則很難達成儲蓄率50%以上的目標。**

話雖如此，就算目標是微FIRE，如果不確保50%的儲蓄率，恐怕也需要花二十年以上才能達成。

二十年以上代表的是，就算從二十歲開始實踐，達成的時候也已經四十歲了。從三十歲開始就是五十歲，四十歲開始就是六十歲……如果開始得太晚，達成的時候都已經年屆退休。

當然，即使儲蓄率未滿50%，也總有一天能夠達成，但**如果在退休年齡後才**

達成，那存下的就只是單純的退休金，既不是微FIRE也不是其他的什麼。

因此，如果以微FIRE為目標，就算輕鬆進行，最好還是將二十年以內達成設為低標。

如果改變儲蓄率……

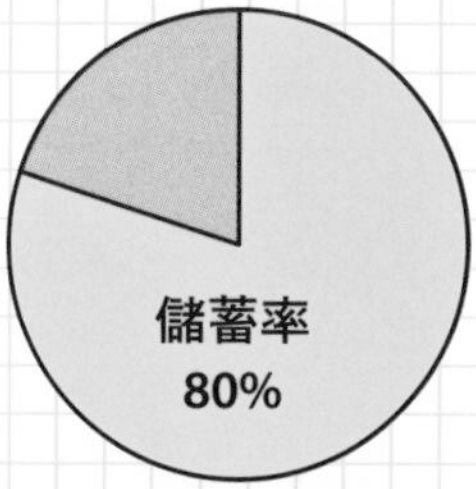

⇨ 雖然可以在10年以內達成微FIRE，但相當辛苦。

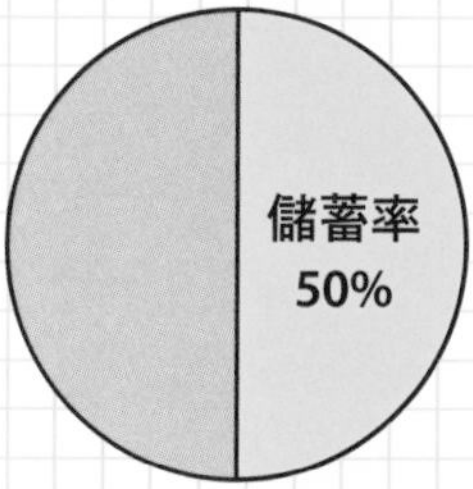

⇨ 可以在15年左右達成微FIRE的理想標準。

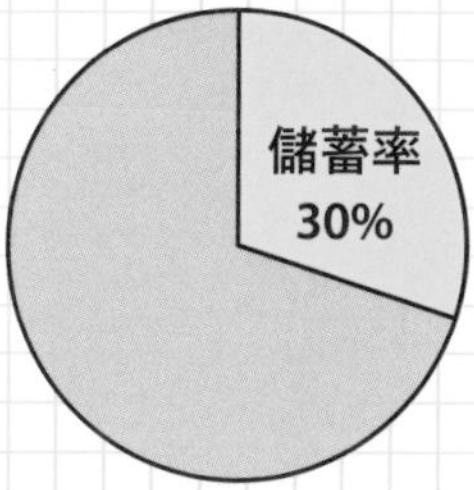

⇨ 需要20年以上才能達成微FIRE……

BASIC

10 話雖如此，儲蓄率50%的門檻不會太高嗎？

「唔，話雖如此，把收入的一半拿去儲蓄，還是太勉強了……」會這麼想的人也很多吧？實際上，收入的高低依年齡而異，我想年輕時，尤其會覺得辛苦。

舉例來說，二十至三十多歲，實領收入只有300萬日圓左右時，如果年生活費為200萬日圓，儲蓄的金額就是100萬日圓，那麼這時的儲蓄率約為33%。如果想將儲蓄率提高到50%，就代表生活費必須壓低150萬日圓，這麼一來有些人就會覺得太勉強了吧？

但如果到了三十至四十多歲，實領的收入達到400萬日圓，那麼即使生活費維持200萬日圓，也能存下200萬日圓，這時儲蓄率就提升到50%了。

因此，重點就在於，**就算收入提高，也不能大幅提升生活水準。**此外，年薪因為加薪或跳槽而增加，或者再加上副業收入等，儲蓄率也能隨之提升。**不需要在二十多歲收入還很低的時候勉強達成50%**，請以長遠的眼光思考吧！

儲蓄率隨著時間提升！

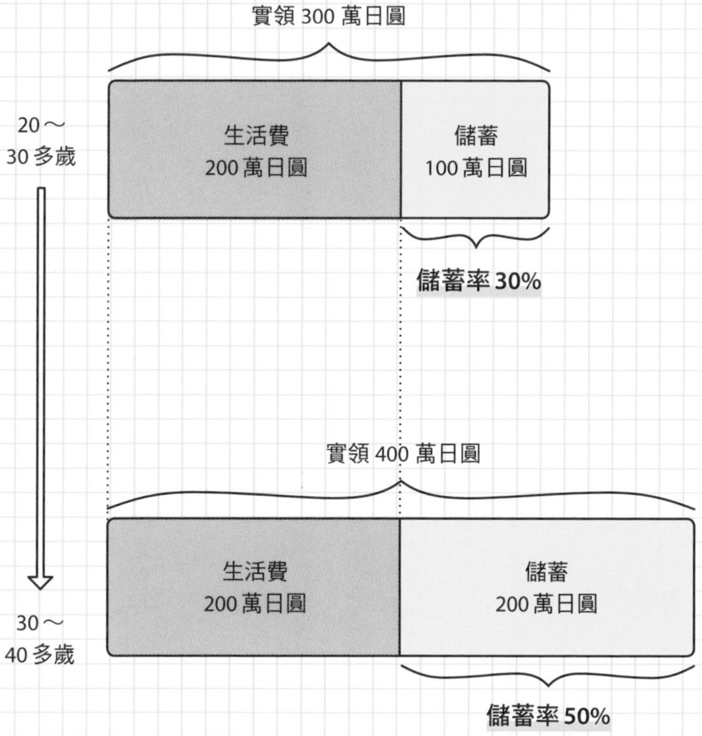

即使**收入增加也維持原本的生活費**是關鍵！

BASIC

11 人也要有揮霍的時期！

幾乎所有人在二十多歲時都處在揮霍期，會為了自我投資或自己的物欲而花錢。

如果沒有經過這段揮霍期，物欲也可能在某段時期爆發，因此**我覺得二十多歲時與其建立資產，還不如優先在一定程度上投資自己或滿足物欲。**

因此，我**建議從年薪稍微開始提高的三十多歲之後再建立資產。**實際上，應該也有人開始覺得「我也三十多歲了，差不多該正式考慮今後的財務問題……」因而拿起本書吧？

所以我建議，在收入差不多增加了一些，也大致經歷過揮霍期的三十多歲之後再開始存錢。

這麼一來，儲蓄率50％就不再是天方夜譚了吧？

BASIC

12 擅長賺錢？擅長存錢？達成微FIRE的三種模式

達成微FIRE必要的資產額，隨著各人所需的生活費與收入而改變，因此不能籠統地說「存到〇〇萬日圓就能達成！」此外，收入也會隨著開始的年齡而大不相同，所以在二十多歲時開始，與在四十多歲時開始的難度也不一樣。

由此可知，提出一個固定的指標很難，但這裡可以提出下列三種模式做為參考。

這三種模式都為了方便理解，以資產收入與勞動收入各半的情況進行模擬。雖然不需要完全套用在自己身上，但如果以這三種指標為基準思考，應該就很容易理解。

至於年齡方面，最多人開始把微FIRE當成目標的年齡應該是三十歲左右，因此這次就假設從三十歲開始的情況。

① 不擅長賺錢但是很會存錢的

「存錢高手」→ 五十八頁

雖然增加年薪應該很難，但如果是節約或極簡生活應該做得到！這個模式就推薦給這樣的人。在不勉強自己的範圍內節約、存錢、增加資產吧！

② 擅長賺錢，但是不擅長存錢的

「很會賺小姐」→ 六十頁

雖然年薪稍微高於平均，但是不擅長省錢……這個模式就推薦給這樣的人。努力賺錢吧！

③ 無論賺錢還是存錢都能努力的

「精打細算女士」→ 六十二頁

不僅賺得比平均多，也能努力存錢，希望在最短的時間內達成微 FIRE ！這個模式適合這種擁有堅強意志的人。我就屬於這種類型。

不擅長賺錢但是很會存錢的
「存錢高手」

年薪 **380** 萬日圓
（實領 300 萬日圓）

○ 年生活費：150 萬日圓

○ 年儲蓄額：150 萬日圓

必要資產額 **3000** 萬日圓

實領 300 萬日圓，生活費 150 萬日圓的存錢高手。
假設達成微 FIRE 後，靠著「資產收入 75 萬日圓，勞動收入 75 萬日圓」生活，那麼開始微 FIRE 必要的資產額就是「75 萬日圓 ÷2.5% ＝ 3000 萬日圓」。
年儲蓄額為 150 萬日圓，因此將其中的 80%，也就是 120 萬日圓，用來進行每月 10 萬日圓，年利率 5% 的投資，約 16 年就能建立 3000 萬日圓的資產。

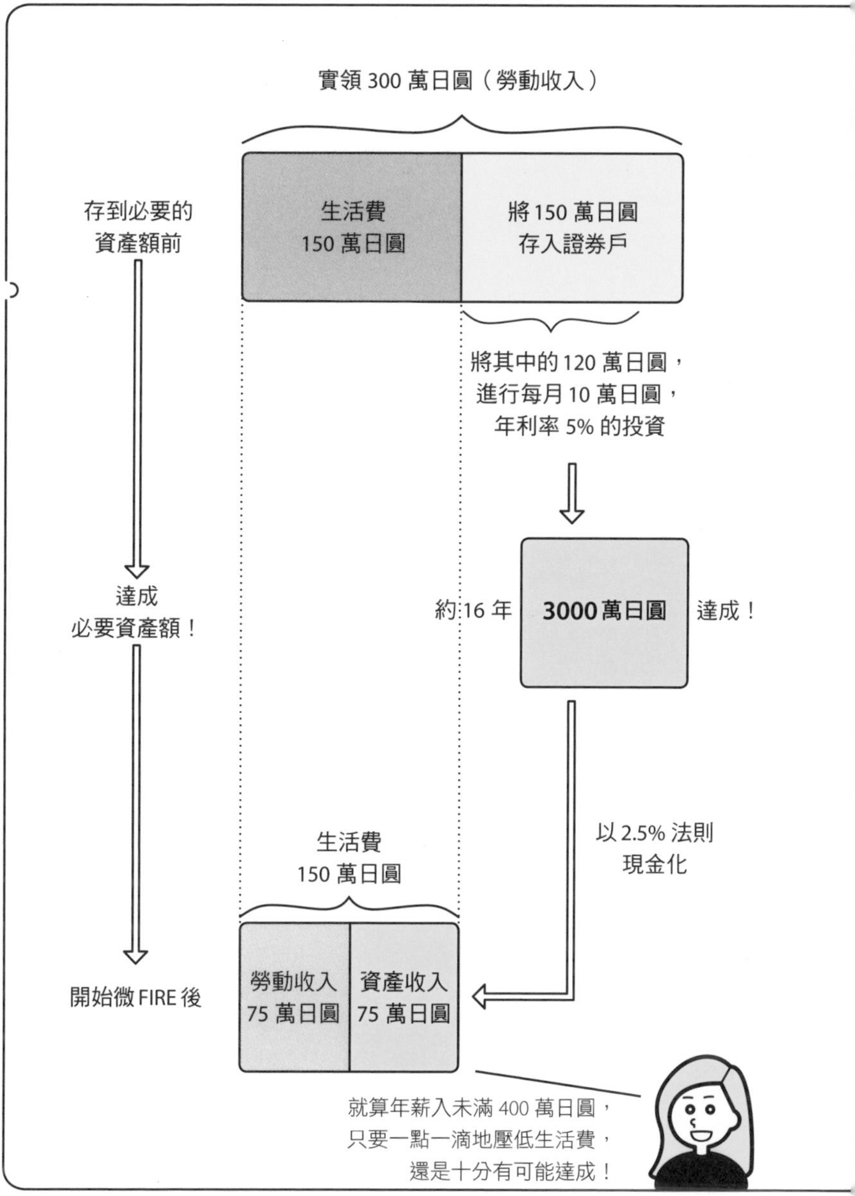
實領 300 萬日圓（勞動收入）
存到必要的
資產額前
生活費
150 萬日圓
將 150 萬日圓
存入證券戶
將其中的 120 萬日圓，
進行每月 10 萬日圓，
年利率 5% 的投資
達成
必要資產額！
約 16 年
3000 萬日圓
達成！
以 2.5% 法則
現金化
生活費
150 萬日圓
開始微 FIRE 後
勞動收入
75 萬日圓
資產收入
75 萬日圓
就算年薪入未滿 400 萬日圓，
只要一點一滴地壓低生活費，
還是十分有可能達成！

擅長賺錢，但是不擅長存錢的

「很會賺小姐」

年薪 **520 萬日圓**
（實領 400 萬日圓）

- **年生活費：200 萬日圓**
- **年儲蓄額：200 萬日圓**

必要資產額 **4000 萬日圓**

實領 400 萬日圓，生活費 200 萬日圓的很會賺小姐。

假設達成微 FIRE 後，靠著「資產收入 100 萬日圓，勞動收入 100 萬日圓」生活，那麼開始微 FIRE 必要的資產額就是「100 萬日圓 ÷2.5% ＝ 4000 萬日圓」。

年儲蓄額為 200 萬日圓，因此將其中的 80%，也就是 160 萬日圓，用來進行每月 13.3 萬日圓，年利率 5% 的投資，約 16 年就能建立 4000 萬日圓的資產。

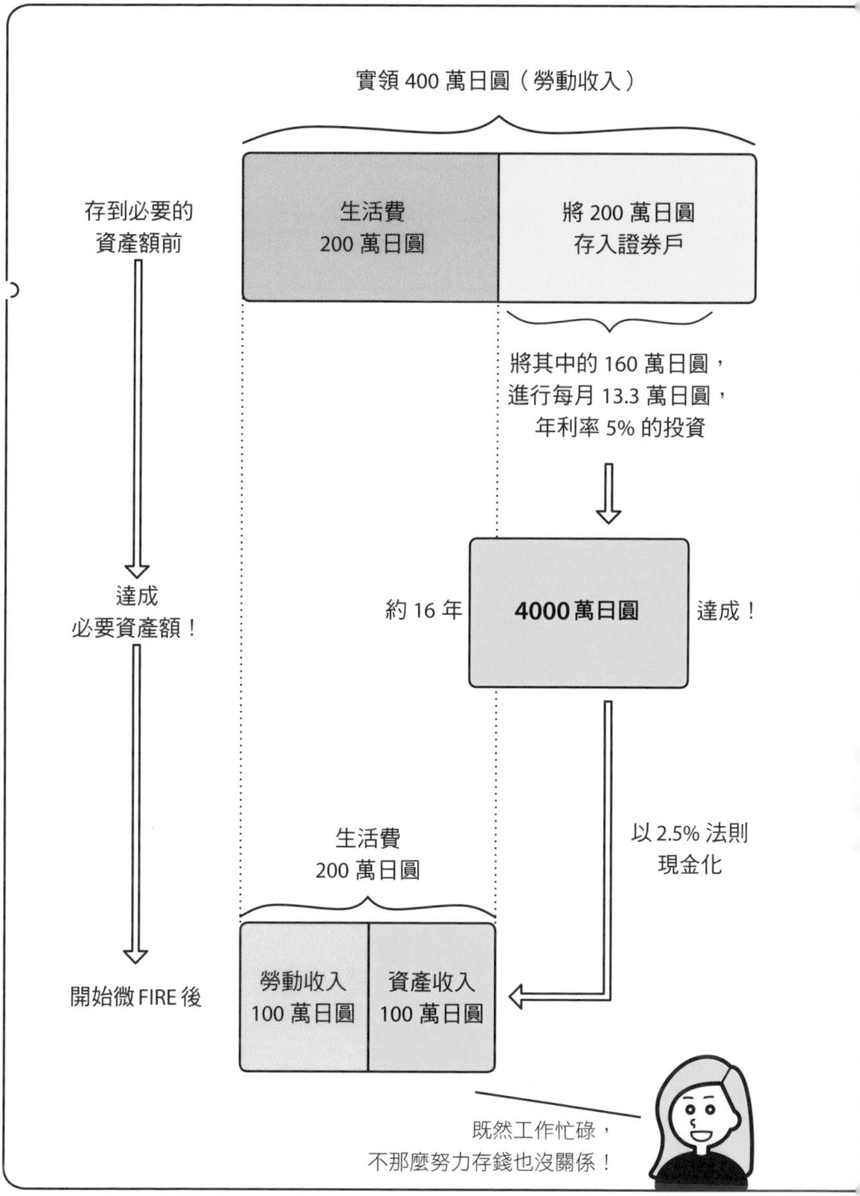
實領 400 萬日圓（勞動收入）
存到必要的資產額前
生活費
200 萬日圓
將 200 萬日圓
存入證券戶
將其中的 160 萬日圓，
進行每月 13.3 萬日圓，
年利率 5% 的投資
達成
必要資產額！
約 16 年
4000萬日圓
達成！
以 2.5% 法則
現金化
生活費
200 萬日圓
開始微 FIRE 後
勞動收入
100 萬日圓
資產收入
100 萬日圓
既然工作忙碌，
不那麼努力存錢也沒關係！

無論賺錢還是存錢都能努力的

「精打細算女士」

年薪 **520** 萬日圓
（實領 400 萬日圓）

- 年生活費：150 萬日圓
- 年儲蓄額：250 萬日圓

必要資產額 **3000** 萬日圓

實領400 萬日圓，生活費150 萬日圓的精打細算女士。
假設達成微 FIRE 後，靠著「資產收入75 萬日圓，勞動收入75 萬日圓」生活，那麼開始微 FIRE 必要的資產額就是「75 萬日圓 ÷2.5% ＝ 3000 萬日圓」。
年儲蓄額為250 萬日圓，因此將其中的 80%，也就是 200 萬日圓，用來進行每月16.7 萬日圓，年利率 5% 的投資，約11 年就能建立3000 萬日圓的資產。

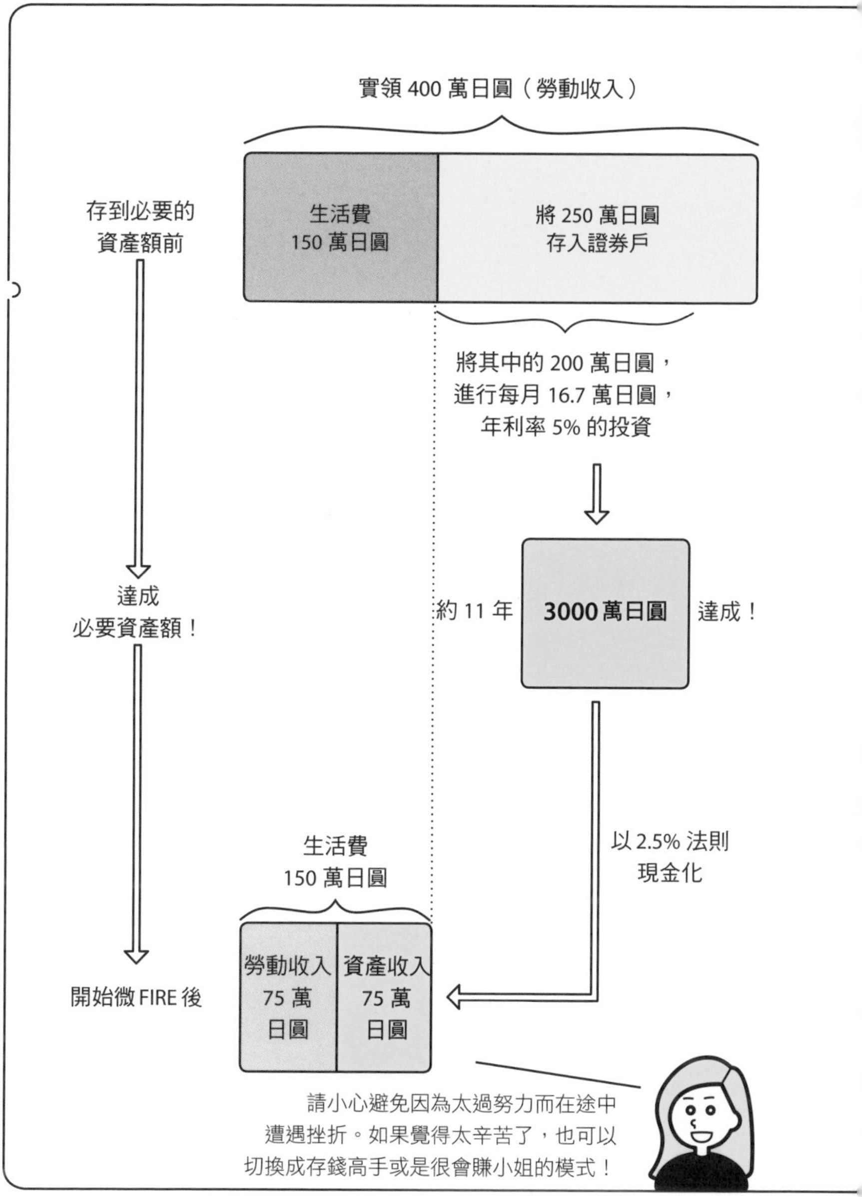
實領 400 萬日圓（勞動收入）
存到必要的
資產額前
生活費
150 萬日圓
將 250 萬日圓
存入證券戶
將其中的 200 萬日圓，
進行每月 16.7 萬日圓，
年利率 5% 的投資
約 11 年
3000 萬日圓
達成！
達成
必要資產額！
以 2.5% 法則
現金化
生活費
150 萬日圓
勞動收入
75 萬
日圓
資產收入
75 萬
日圓
開始微 FIRE 後
請小心避免因為太過努力而在途中
遭遇挫折。如果覺得太辛苦了，也可以
切換成存錢高手或是很會賺小姐的模式！

JOB

CHAPTER

2

靠著本業 × 副業賺錢

只要大致了解收入與支出（生活費）分別需要多少金額才能達成微FIRE，接下來的第一步就從「賺錢」開始。重點在於「比別人稍微多賺一點，用比別人稍微少一點的生活費用」。

因此請實踐以下三件事情：

①必須要能靠著本業賺到一定程度的收入

②為了加快資產形成的速度，副業收入以每月5萬日圓為目標

③為了達成50%的儲蓄率，引進極簡生活的概念

JOB

01 副業終究是副業！賺錢還是得靠本業

雖然近年副業也開始普及，**但賺錢還是必須以本業為優先。**

因為副業畢竟還是副業，除非做得異常成功，否則**本業還是最主要的收入來源。**

雖然，我過去從事的副業變成了現在的本業，但如果納入社會保險、離職金、公司福利等只有上班族才能享受到的好處，我並不覺得自雇者是一種划算的工作方式。

如果想要自己準備上班族才有的福利，需要賺到上班族一．五至二倍的年薪。

自雇者要賺到上班族近二倍的年薪難度很高，只有一小部分的人才能達成。

不僅如此，據說現在自雇者的年薪不到４００萬日圓，比上班族的平均年薪還要低。

三種模式的目標年薪

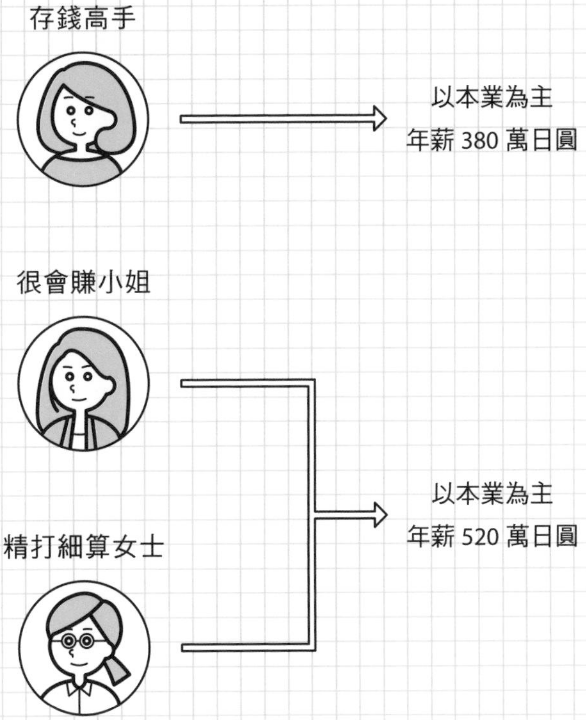

建立資產所需要的「賺錢」部分，
當個領薪水的上班族會比從事副業的效率更好！

JOB

02 透過取得證照或跳槽，以提高年薪為目標！

如果考取某種證照能夠提升目前工作的薪水，那就去挑戰；如果公司有其他薪水可能更高的部門，那就建議努力調過去。

我自己也透過考取證照，成功調到公司內的專業部門，二十五歲左右只是年薪約３００萬日圓的行政人員，到了近三十歲時年薪已經超過４００萬日圓，過了三十歲後就超過５００萬日圓了。

我想如果繼續當個行政人員，年薪４００萬日圓恐怕就是極限。

還在上班的時候，因為調到專業部門，所以也為了鑽研這條路而花了不少心思學習。抽成占了薪水的很大一部分，因此愈是投入打拚，成果就愈會反映在薪水上，這也讓我很愉快。

不過，確實也存在著努力得不到回報的公司。

這時候請毅然決然地跳槽吧！

我也常聽過認真找新工作的人在跳槽之後，就算是相同業種，年薪也多了100萬日圓以上。所以，如果你待的公司就算努力也得不到回報，那就乾脆地放棄這間公司，尋找其他機會吧！

找新的工作雖然辛苦，但是值得一試。首先只要採取行動就可以了。

JOB

03 本業重視「報酬」與「成就感」

不過，如果只以薪水為優先，卻從事自己並不想做的工作，那就本末倒置了。

因為就算以微FIRE為目標，**如果過程變得很痛苦，就會浪費好幾年的人生。**

所以，**隨時將獲得的報酬與成就感放在天秤上仔細衡量**也很重要。

如果不是自己心甘情願，無論是賺錢還是存錢都無法持續下去吧？

首先請不要拋棄從事自己想做的工作這個大前提，**再由此思考該如何讓薪水比現在更高。**

即使朝著微 FIRE 邁進，也要開心地賺錢、存錢、增加資產，這才是最重要的事情！

JOB

04 副業以提高收入為目標！

有了一定程度穩定的本業之後，請務必試著挑戰副業。

我雖然成功地提升了薪水，但也絕對稱不上高收入，所以**為了補強「賺錢」的部分而展開副業。**

首先，副業在達成微FIRE之後也能成為寶貴的收入來源。在辭掉全職工作之前，就已經能夠確保副業收入也比較令人放心。

以我為例，我開始了儲存樂天點數的集點活動，並且為了傳播建立資產的知識而架設了部落格。

雖然剛開始幾乎賺不到錢，但在持續的過程中，真的逐漸產生了一點一滴的收益。雖然這時候所有的副業加起來，每個月也頂多只有3至5萬日圓的規模，但**擁有本業以外的收入來源，還是帶給我非常踏實的感覺。**

個人經營的事業，我想剛開始應該會因為完全賺不到錢而心灰意冷，但只要腳踏實地持續下去，必定有所回報。

所以，剛開始的時候想必會有好幾次想要放棄的感覺，但絕對不能半途而廢。**就算覺得勉強，無論如何都要堅持下去還是很重要的。**

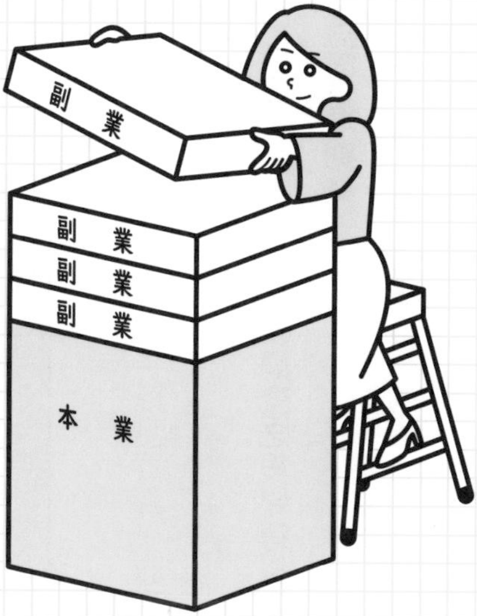

個人事業**有低迷的時候，也有順利的時候。**總之堅持下去吧！

JOB

05 副業該做什麼才好呢？

常見的副業有撰寫文章、影片剪輯、二手商品買賣、聯盟行銷、單次打工，最近還有當外送員等等。

每個人都有適合與不適合的工作，**只要調查之後覺得似乎很有趣、自己應該做得到，那就可以選擇這項副業。**

我適合經營部落格或 YouTube 等傳播自己的資訊的副業類型，但應該也有人不擅長介紹自己的事情。這些人或許適合只承包撰寫文章、影片剪輯等作業，或者從事二手商品買賣等販賣類型的副業。

不過，我想也有人會在意「哪一種副業最賺錢？」關於這點因人而異，所以我也不敢說。但不同類型的副業還是有不同的特徵，譬如 YouTube 等傳播資訊的類型雖然花時間，但只要走紅後，收入就會扶搖直上，反之，撰寫文章之類的承包類型副業，只要有做就能確實產生報酬，但報酬幾乎固定。

＊二手商品買賣：將買進的商品以比買價更高的價格賣出賺取利潤。但必須注意的是，在日本需要取得古物商許可證才能買進中古商品販賣。

副業的種類

資訊傳播類型

部落格　YouTube　等等

販賣類型

二手商品買賣　販賣原創商品　等等

⇨ **雖然花錢也花時間，只要押對寶就能大賺一筆。**

承包類型

撰寫文章　影片剪輯　寫程式　單次打工　等等

⇨ **賺到的錢幾乎固定，但能夠根據作業量獲得相對應的報酬。**

建議在**剛開始的時候先嘗試能夠確實獲得報酬的承包類型，等到培養出一定程度的技術後，再試著自己經營部落格或 YouTube！**

JOB

06 至少該試三種，不適合自己就立刻放棄！

剛開始的時候，建議先從為數眾多的副業當中，**至少選擇三種挑戰看看。**因為就算是自己覺得不擅長的事情，一旦嘗試之後，也可能發現出乎意料地適合自己，進行得很順利。

我剛開始曾從事過二手商品買賣之類的，販賣商品的工作。但因為房間不大，沒有地方保管物品，因此就算只是暫時把商品放在家裡，也難以忍受東西變多。

此外，我的個性懶散，就連在網拍上販賣自己用不到的物品也覺得麻煩，所以領悟到這個工作不適合自己……（不過，也有人說二手商品買賣是最容易產生收益的副業，因此對於適合的人來說或許相對有利？）

前面才提到「堅持下去很重要」，**但如果在剛開始的階段就覺得「我絕對做不下去！」也必須乾脆地放手。**雖然這個部分很難判斷，但請考慮自己的個性，做出適當的決定。

附帶一提，我原本覺得YouTube難度很高，也沒有自信能夠講得好，所以曾經很猶豫，但下定決心開始之後，卻做得比部落格更順利。在影片剪輯方面，因為我是外行人，所以也只能做些簡單的效果，但出乎意料地似乎與影片受歡迎的程度沒什麼關係。

不知道哪項副業會順利，所以從感興趣的開始嘗試吧！

JOB

07 如果有趣但是賺不了錢……總之堅持看看

副業之類的事業，也經常會發生自己的「愉快感」與收益不符的情況。

我寫部落格也很愉快，所以能夠一直寫，但產生的收益絕對稱不上多（第一年只有每月數日圓到數百日圓的程度，到了第三年才終於突破每月1萬日圓）。

這種時候，**我建議只要自己樂在其中，就盡可能堅持下去。**只要樂在其中，即使無法化為收益，最壞的情況還是可以當成一種休閒活動持續進行，而且如果能夠產生收益就太棒了。

不過，如果只從事無法產生收益的副業，最後還是賺不到錢，因此，除了沒有收益卻樂在其中的副業外，如果還能再從事能夠確實賺到錢的承包類型等副業貼補收入，那就沒有問題。

目標是確保每月5萬日圓左右的副業收入。

請調整副業的平衡，讓收益加起來能夠達到這個程度吧！

有趣的副業就持續下去吧！

有趣但無法獲利的副業

＋

確實能夠賺到錢的副業

↓

目標為每月賺到 5 萬日圓

JOB

08 最推薦、而且一定要做的是部落格與集點

「雖然你這麼說，但是我不知道該從什麼開始……」有這種疑惑的人，**我建議先寫部落格與集點。**關於集點之後會再詳細介紹，至於建議寫部落格則是因為，**如果總有一天會以自雇者的身分活動，部落格就會成為必須。**

部落格分成能夠賺錢的部落格，與不能賺錢的部落格。

能夠賺錢的部落格稱為「聯盟行銷部落格」，指的是專門販賣物品與資訊的部落格。但我在這裡推薦的不是這種，而是**能夠成為自己「平台」的「部落格網站」。**

我主要經營的部落格「三十歲就退休」，本身也不會產生多大的收益。

那麼我為什麼會寫這個部落格呢？因為我能夠以這個部落格為中心，拓展YouTube、集點收益、來自企業的工作委託等各式各樣的事業。

這個成為平台的部落格網站，簡單來說就是相當於名片。只要長期持續，也

能累積一定的信用。

因此，如果想在半退休後以自雇者的身分輕鬆工作更是必須，就算沒有考慮這點，在網路上最容易擁有自己事業的也是部落格，所以不妨先挑戰看看吧！

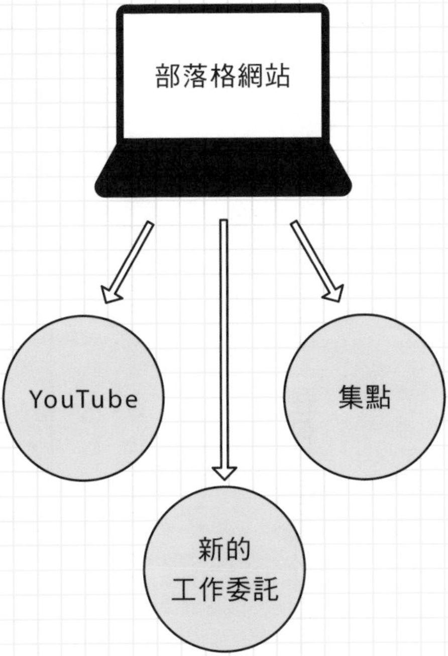

JOB

09 集點活動也是不折不扣的副業，享受樂天經濟圈的恩惠吧！

雖然將副業大致介紹過一輪，但或許還是有人呈現半放棄狀態，覺得「我的本業太忙了，不管哪種都沒空……根本不可能從事副業……」

如果是這種人，我想要推薦**集點活動**。

因為就算完全不具備特殊的技巧與品味，**任何人還是可以在每個月累積1至2萬日圓左右的點數。**

尤其我自己也一直在做的「加入樂天經濟圈，累積樂天點數」這個方法，甚至想要推薦給所有日本人。

我實際獲得的樂天點數，累積起來已經超過100萬點（相當於100萬日圓）。

換句話說，即使是原本生活費就偏低、支出少於平均的我，也能累積得到這麼多的點數。

樂天經濟圈

指的是在生活中的各種情境使用樂天提供的服務，有效率地儲存並使用點數。並透過使用多種樂天服務，提高點數的倍率（SPU／超級點數加成方案），使累積點數變得更加容易。

主要的樂天服務

- 樂天市場
- 樂天證券
- 樂天電信
- 樂天旅遊
- 樂天電子書
- 樂天生命
- 樂天信用卡
- 樂天銀行
- 樂天美容
- 樂天票券
- 樂天支付
- 樂天保險

等等

我成為樂天的使用者已經超過十五年，因此點數變得很多，但現在依然每個月可以固定獲得1萬點（相當於1萬日圓），**因此也稱得上是不折不扣的副業。**

不過話說回來，獲得點數不需要任何作業，所以，**正確說來這些點數應該定位為不勞而獲的所得。**

只要加入上述服務，使SPU達到六倍以上，並在每個月舉辦購物馬拉松時，在樂天市場消費4萬日圓左右，就能輕而易舉地獲得約8000點喔！

JOB

10 用樂天信用卡買基金，每月能夠獲得500點！

在此想要介紹的是，**在樂天證券以樂天信用卡付款（以下簡稱「用樂天卡付款」），每個月最高可買5萬日圓基金的服務。就算說得保守一點，這個服務也還是太神了。**樂天卡會回饋消費金額1％的點數，因此光是購買基金，每個月就能獲得500點（相當於500日圓）。

如果以微FIRE為目標，投資就是必須要做的事情。

因此，**透過定期定額購買基金累積資產，同時還能累積點數，**根本就是一舉兩得吧！

這麼做真的很划算，因此除了我自己之外，就連對投資完全沒興趣的老公，我也幫他設定了最高額度的定期定額基金投資。

關於用樂天卡付款的定期定額基金，在一五二頁也有詳細的解說，不這麼做就真的太虧了！

獲得 500 點的機制

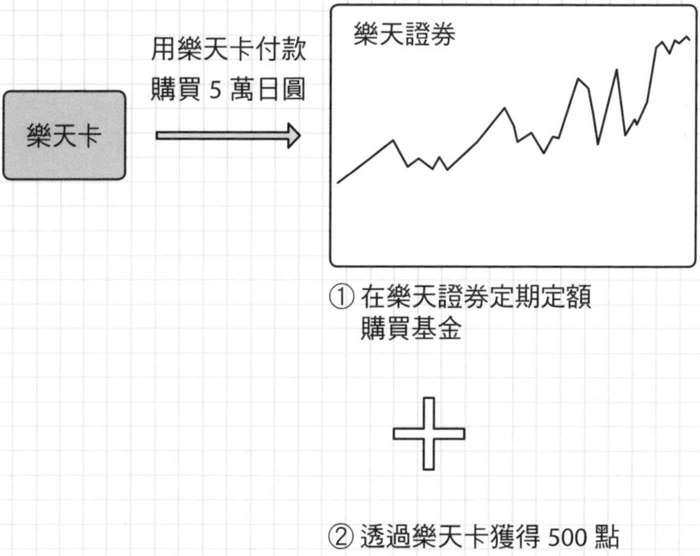

獲得 1% 的點數，**就相當於確實得到 1% 的年利率。**
這實在太賺了！

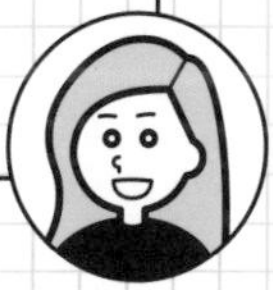

JOB

11

點數回饋網站也不能小看！

加入樂天經濟圈時，也不要忘記**點數回饋網站**（譯註：相當於台灣的現金回饋網站）。在樂天市場購物時，如果透過點數回饋網站，點數就能加倍，或者在使用其他新的樂天服務時，如果也透過點數回饋網站，就能獲得相當高的點數（譬如在樂天市場購物，能夠獲得消費額1%的點數；成為樂天卡的新卡友時，能夠獲得1000至10000點（相當於1000至10000日圓）等）。

點數回饋網站很多，我主要使用的是「Hapitas」。原因是這個網站的點數回饋率在業界屬於高水準、介面簡單清楚，而且制度單純，1點就相當於1日圓。

不過這也牽涉到個人喜好的問題，如果有其他喜歡的網站也可以使用。總而言之，註冊任何點數回饋網站都好，請養成使用任何服務時都透過點數回饋網站的習慣。**這麼一來，每個月就能獲得數千日圓，努力一點甚至能獲得數萬日圓的點數喔！**

申請信用卡或開設加密貨幣帳戶可獲得相當於數千日圓至數萬日圓的點數，參加不動產投資講座等則可以獲得1萬至3萬日圓的點數。**但如果不透過點數回饋網站，獲得的金額甚至不到1萬日圓。**我還是上班族的時候，也會參加這類講座當成學習，並藉此獲得了價值數萬日圓的點數呢！

點數回饋網站的原理

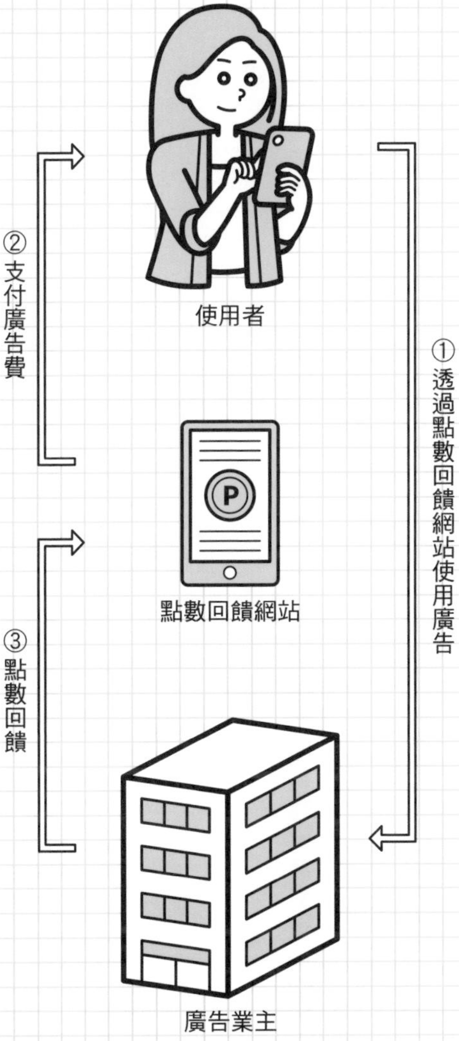

JOB

12 沒有本金就什麼也無法開始

各位覺得如何呢？老實說，也有很多人覺得「賺錢」的部分很辛苦吧？就我的部落格與 YouTube 底下的留言來看，似乎也有很多人在「賺錢」這個部分陷入苦戰。

所以多數人難免會想要透過投資增加資產，**但普通人能夠從投資中獲得的利潤，差不多就是年利率5%左右。**

如果投資100萬日圓，年利率5%也就是一年只賺5萬日圓。但如果有1000萬日圓，一年就能賺到50萬日圓，那就是一筆不小的金額了。換句話說，**本金如果不夠多，就無法大肆享受投資帶來的獲利。**

建立資產終究不存在密技。

所以，儘管非常清楚一開始「賺錢」的部分最辛苦，但還是請努力做好本業，而後再經營副業，從存下本金開始吧！本金將會成為你的第一步。

本金愈多，利潤也會愈高

本金 100 萬日圓的情況

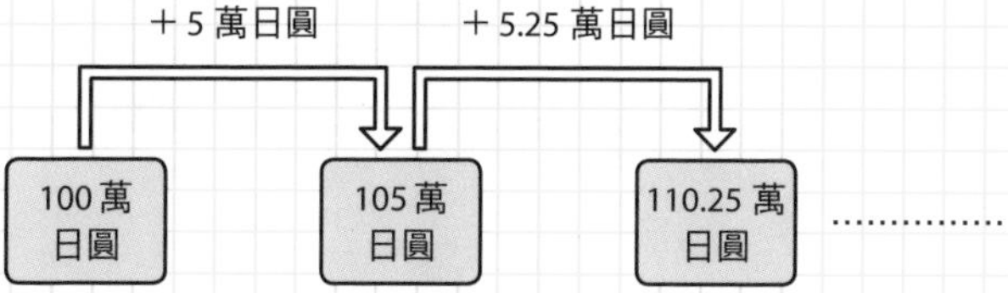

⇨ 資產只能增加 5 萬日圓、5.25 萬日圓……

本金 1000 萬日圓的情況

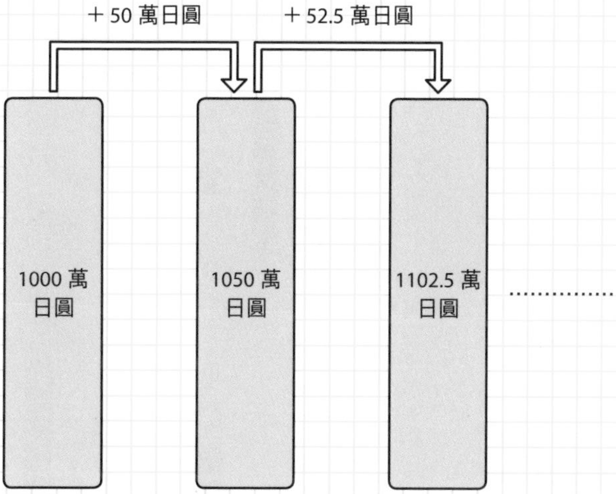

⇨ 資產以 50 萬日圓、52.5 萬日圓……為單位增加。

JOB

13 看不起一塊錢的人，絕對會為一塊錢而哭泣

我在建立資產的長久過程中，一直以來最重視的原則就是，不管多小的金額都絕不忽視。

舉例來說，參加集點活動時，只要點擊就能獲得1點（相當於1日圓），就算是規模這麼小的優惠，我也會利用空閒時間一點一滴領取。而且，這個習慣直到擁有充分資產收入與事業收入的今天都依然持續。

常有人指出這麼做不符合時間效益。當然，如果是經營者或醫生等，從事高時薪工作，而且一分一秒都不能浪費的人，就連花時間參加點擊1次獲得1日圓的集點活動都太可惜吧？

但如果是普通人，總會多少有一些放空滑手機的時間不是嗎？我希望大家能把這些時間拿來從事會帶來收益的行動，譬如像玩遊戲一樣參加集點活動、在網路上搜尋優惠資訊、尋找部落格的題材等等。

1
1
1
1
1

比起完全FIRE，我更推薦微FIRE的理由

或許在覺得「工作太痛苦了，所以想要FIRE！」時不太會感受到，但年紀輕輕就完全退休，失去所有與社會的連結，對於有著普通感受的人而言，其實相當痛苦。

事實上，據説人類為了活得幸福，需要適度的勞動以及與社會的連結感。

這個「適度的勞動」是關鍵。尤其在日本，上班族的勞動時間實在太長了。我也一樣，好不容易得到一份有成就感的工作，卻必須一天奉獻給公司十二小時以上，根本沒時間做其他事情，這樣的工作根本稱不上適度。

如果上班族也能稍微不那麼辛苦，或許我也不需要選擇半退休這條路。

其實我的母親就是FIRE的達成者。

母親高中畢業後就進入企業工作，直到五十多歲時都是全職上班族。不過，她從四十五歲左右就開始感覺到自己能力衰退，部下都既年輕又聰明，母親幾乎快被管理他們的壓力壓垮。

讓她筋疲力盡的工作日復一日地持續，就在邁入五字頭時，剛好接到公司的通知，公司以五十歲以上員工為對象，募集提早退休的員工。

這個方案以大幅提高退休金來吸引員工提早退休，於是母親立刻決定申請，並在五十多歲時爭取成功。

為什麼母親會立刻決定提早退休呢？因為兩個孩子都已經大學畢業，剩下的只需要準備夫妻兩人老後的資金就夠了，而且他們也已經存到充分的錢。再加上還能獲得增額的退休金，所以她毅然決然地做出這個決定。

不過，母親完全不工作的時間只有二、三年，後來竟然又回去同一間公司，每週上班三天。

因為她接到前公司的聯絡，公司表示由於人手不足，需要藉助資深員工的力量，工作內容也不是退休時那種壓力大的主管職，而是第一線人員，母親心想，既然如此應該沒問題，所以就答應了。

母親現在已經將近七十歲，至今仍在相同的職場工作。

沒錯，她早在我之前就是半FIRE的先驅，從事著型態較輕鬆的工作。

現在母親周遭的人都完全退休了，但她依然待在職場上，這正是我理想中的生活。我雖然很早就達成微FIRE，但我希望在輕鬆的情況下，長時間活躍於職場。

我現在從事的工作也沒有所謂的退休，如果可以的話，到了八十歲還能做些什麼就太棒了。我心裡想像著這樣的未來。

橘玲在《幸福「資本」論》（鑽石社）中主張，為了得到幸福，必須擁有「金融資本」「個人資本」與「社會資本」。簡單來說，金融資本是達成財富自由的金錢，個人資本是與自我實現有關的個人能力，社會資本則是與共同體的連結。

完全FIRE將會遠離「個人資本」與「社會資本」。

就像我的母親決定從完全FIRE的狀態再度開始輕鬆型態的工作，我也希望透過微FIRE活用自己獨一無二的思考與經驗，自由自在地持續工作，同時也與社會維持著寬鬆的連結。

LIFE

CHAPTER

3

靠著極簡生活存錢

為了達成微 FIRE，除了賺錢之外，同時也必須存錢。但是過度節省會造成極大的精神負擔，所以不太推薦。

本章將介紹適度且健康的存錢方法。

LIFE

01 存錢和減肥都是知易行難

存下投資資金的過程，就和減肥完全相同。

減肥的時候，只要多運動與減少食量，就一定能夠瘦下來。

儲蓄也一樣，**只要多賺錢並且壓低花費，就一定能夠存錢。**

明明過程如此簡單，但兩者都是人類永遠的難題，就算知道原理也很難做到，就像難以征服的兩大巨塔。

這是因為**人類還是有食欲，也還是有虛榮心與物欲。**

所以為了征服這兩座巨塔，就必須對抗這些欲望。

不過，儘管一開始對抗欲望時很辛苦，還是能夠逐漸習慣。畢竟人類是習慣的生物，只要養成一定程度的習慣，就會愈來愈輕鬆。

在往下進行之前，只要告訴自己以下三個訣竅，並根據訣竅儲蓄，只要一年就能逐漸習慣，二年後就能幾乎毫不勉強地達成喔！

持續儲蓄的三個技巧

❶設定明確的目標數值

任何事情都一樣，如果沒有設定明確的目標就無法達成。首先請參考四十六頁，掌握自己達成微 FIRE 所需的資產額。在快要浪費錢的時候，就想像未來變得自由的自己，忍住這股衝動吧！

❷順序為「賺錢→存錢→增加資產」

剛開始的時候，難免會覺得「我想要靠著投資一口氣增加資產！」但其實如果沒有存到一定程度的本金，就很難得到投資帶來的恩惠。雖然偶爾也會聽到靠著數十萬日圓賺到數億日圓的故事，但最好視為當事人的才華加上好運所帶來的奇蹟。

實際上或許會因為資產完全沒有增加而感到絕望，但首先必須知道，如果沒有本金就什麼也無法開始，請專注於儲蓄吧！

❸把資產當成自己的分身仔細培養

我把自己的資產當成自己的分身。

我以前也曾為了自我成長而花了很多錢進行自我投資，但某天突然發現，平凡的自己能賺的錢依然有限。然而，資產卻能自顧自地不斷成長。

所以請相信資產總有一天能夠成為幫助自己的可靠夥伴，仔細地培養吧！

LIFE

02 不講究物品外觀與數量的極簡生活

我建議在存錢的時候不要省錢，而是要過「**極簡生活**」。所謂的極簡生活是**省去多餘的事物，過著更合理且更符合功能性的生活。**這是一種不講究物品的數量與外觀，**將合理性視為優先考量的生活型態。**

這個概念，來自我還是建築系的學生時最喜歡的建築師密斯．凡德羅（Ludwig Mies van der Rohe）。

我現在住在小小的房子裡，只靠著這間小房子能夠容納的心愛物品生活。至於我判斷不必要的東西就逐漸省略。舉例來說，我家沒有床與沙發，我也沒有錢包，每天只吃一或二餐等。

但是我積極地採用便利家電，家裡擺放我最喜歡的藝術品與觀葉植物。我並非盲目地減少物品的數量，**我的目的是過著合理且對自己而言舒適的生活。**

如果誤會這點，就會連對自己而言必要的物品或重要的物品都捨棄，或者因

Less is more（少更富足）

極簡設計之父
密斯．凡德羅

工業革命以前的建築

使用大量裝飾，以及只有熟練的工匠才辦得到的高度技術建築才有價值。這時的建築比起功能性，評價更高的是藝術性。

⇩

到了近代，人口爆炸性增加，人們追求的不再是費時費工的藝術性，而是**如何節省工序量產**的工業性。

⇩

凡德羅提倡的極簡設計

以量產為概念，徹底排除裝飾，推動規格化與標準化，追求合理性與功能性，製造省略所有多餘部分的終極產品。

蘋果公司的產品也實踐這種追求合理性的極簡主義思想。

為執著於物品的數量，導致欠缺原本應該是目的的合理性，因此必須小心。

LIFE

03 極簡生活能夠「存錢」的理由

節省有二種，一種是節省金錢，另一種是節省時間。

說到節省往往會聚焦在省錢，**但在建立資產時，也必須將時間分配給賺錢的部分，因此節省時間也非常重要。**

極簡生活的目標就是既省錢也省時間。舉例來說，主流的節省方法是做便當與帶水壺。我在二十多歲的時候，也曾有一段時間自己帶便當與水壺去公司。這麼做確實可以省錢，但考慮到準備的時間、清洗的時間等，真的有比較省嗎？我開始覺得，如果把這些時間拿來做其他事情（譬如副業等）不是更有效率嗎？於是我開始不吃午餐，或是在公司附近的便利商店或便當店購買，至於飲料則買整箱瓶裝飲料直接送到公司存放。

這麼一來不僅省事，也大幅減少了通勤時攜帶的物品。換句話說，**大家一般所說的節約方法，對自己而言不一定百分百正確。**

極簡生活的優點

住在小房子裡	節省房租（省錢）、縮短打掃時間（省時間）
沒有床鋪與沙發	能夠有效運用狹小的空間、省下購買的費用、省下搬家的費用，打掃起來更省事
不買壽險	節省保險費與管理的麻煩（單身的情況）
沒有錢包	減少攜帶的物品、節省購買錢包的費用、透過無現金交易獲得點數、減少管理的麻煩
一天一餐或二餐	節省餐費、具有減肥與抗老的效果、減少調理與收拾的麻煩
採用便利家電	節省時間
生活在只擺放喜歡的物品的空間裡	無價

最重要的是「如何讓收入超過支出」。如果為了省錢而浪費自己的時間，導致收入減少就本末倒置了。請隨時將省錢與省時放在天秤兩端衡量，判斷該以何者為優先！

LIFE

04 年薪400萬日圓，儲蓄率50%的記帳本大公開！

我一直以來都實踐極簡生活，在此就為大家介紹我的記帳本。這是我年薪約400萬日圓（實領320萬日圓），獨自生活時的實際帳務。由於我比較懶散，所以帳務也只是大致記錄一下，不過這個時候的月支出約13至14萬日圓，因此年生活費約160萬日圓左右，剩下的160萬日圓就拿去儲蓄。

偶爾也會有人覺得「住在東京，不可能用這麼低的預算獨自生活」。我至今住過東京、大阪、名古屋這三大都市圈，就算在東京，只要條件多少有點妥協，還是能租到月租約6萬日圓左右的房子，而且我實際上也住過。此外，東京的薪資水準也有較高的傾向，因此就算住在與大阪或名古屋同等級的房子裡，也能靠著薪水彌補。

反過來說，如果在東京只能賺到與大阪或名古屋相同程度的薪水，那麼不惜獨自生活也要到東京工作就沒有意義。

年薪 400 萬日圓就能實現儲蓄率 50%！

9月	收入		支出		備註	
日期	用途	金額	用途	金額		
2011/9/25	薪水	¥229,335				
2011/9/10			電費	¥2,984		
2011/9/29			瓦斯費	¥4,216		
2011/9/28			房租＋水費	¥65,222		
2011/9/28			信用卡	¥41,714		
2011/9/18			現金	¥20,000		
合計		¥229,335		¥134,136	月結餘	¥95,199

10月	收入		支出		備註	
日期	用途	金額	用途	金額		
2011/10/23	薪水	¥233,398				
2011/10/13			電費	¥3,720		
2011/10/29			瓦斯費	¥5,815		
2011/10/27			房租＋水費	¥62,025		
2011/10/27			信用卡	¥53,219		
2011/10/8			現金	¥20,000		
合計		¥233,398		¥144,779	月結餘	¥88,619

信用卡＋現金約 6 萬日圓的詳細內容

餐費：20,000 日圓　通訊費：10,000 日圓　交通、交際費：10,000 日圓
美容、治裝費：15,000 日圓　其他雜費：5000 日圓　保險費：0 日圓

當時沒有超低價的手機方案，也不像現在可以存到那麼多的點數，如果是現在話，支出應該可以再減少 1 萬日圓！此外，我覺得單身不需要壽險，所以沒有加入。擔心的人可以購買保障型醫療險。

LIFE

05 變成極簡主義有機會存得更多

我的生活型態幾乎就像一般所說的極簡主義，但是我不拘泥物品的數量，生活費也不算低，如果過著更極端的生活，每個月的生活費應該也可以控制在8萬日圓左右。

實際上，現在有許多奉行極簡主義的人，他們大部分的月生活費只有5至10萬日圓。

我以前的生活費就如同剛才所介紹的，每個月13至14萬日圓，如果變成更禁欲的極簡主義，以左頁的預算生活應該差不多。

如果能夠實現左頁的預算，或許也可以把年生活費控制在約100萬日圓左右。

此外，住在老家的人可以省下房租，因此生活費也能夠控制在與極簡主義相當的程度。如果可以的話，我也推薦為了節省生活費而住在老家！

如果禁欲地削減生活費……

房租	40,000 日圓
水電費	8,000 日圓
餐費	15,000 日圓
通訊費	5,000 日圓
交通・交際費	5,000 日圓
美容・治裝費	5,000 日圓
其他雜費	2,000 日圓
保險費	0 日圓
合計	80,000 日圓

⇨ **倘若精打細算小姐的年生活費為 100 萬日圓，那麼達成微 FIRE 的時間就能從「約 11 年→約 7 年」，提早將近 4 年！**

不過，用如此低的預算生活也是一種才華。
因此請不要為了達成目標而過度勉強自己喔！

LIFE

06 記帳也極簡化！建議採用無現金交易

各位如何支付各種費用以及管理收支呢？

我想支付應該分成了現金派與無現金派，記帳則分成了手寫派、電腦派、手機派以及根本不記帳派吧！

無論屬於哪個派別，只要能夠清楚管理即可，不過我個人最推薦的方法是**「採用無現金交易&記帳也透過能夠半自動完成的手機或電腦管理」**。支付方式集中採用電子支付、交通晶片卡等手機支付或信用卡支付，再將這些全部與Money Forward ME之類的記帳APP綁定，這麼一來只要一支手機就能管理收支（我想要另外保留資料，所以在月底的時候會將所有的收支輸入電腦整理）。

無現金交易的好處在於，不需要自己一筆一筆地將資料輸入或寫下來。這是能夠最極簡化管理收支的方法。

不過，也可能會出現採用無現金交易時可能會花太多、或是經常光顧的店家根本不能使用無現金交易等情況。這種時候就不需要勉強自己立刻改變，只要儲蓄成為習慣，能夠穩定達成目標的儲蓄率，那麼我建議轉換成無現金交易的過程就可以慢慢來。

檢視記帳本的方法

不需要管理餐費、交際費……等瑣碎的金額！只要在月底的時候，將整體花費控制在預算內就沒問題。

如果超過預算，就在下個月調整（譬如某個月的花費超出預算 1 萬日圓，那麼下個月就減少外食或是購買的東西，努力讓花費比平常減少 1 萬日圓）。

⇨ **就掌握收支的意義來看，**
記帳是必要的！

請務必養成透過 Money Forward ME 之類的 APP，隨時確認花錢狀況的習慣。
等到熟悉之後，也建議編列每週的預算！可以將除了固定費之外的生活費預算分成四等分，並靠著這些預算度過一個禮拜。

LIFE

07 極簡生活能夠杜絕花錢的機會

極簡生活與節約生活略有不同，前者強烈帶有**透過減少生活所需以「杜絕花錢機會」的意味。**

舉例來說，極簡生活並非透過頻繁關燈以節省電費，而是因為住的房子小，用電量原本就會減少，餐費也不是壓低每餐的預算，而是連用餐的次數都減少等等。

所以**該花錢的地方絕不手軟。**

舉例來說，積極採用掃地機器人、洗碗機、滾筒式洗脫烘等便利家電節省時間，因此能將更多的時間分配給「賺錢」的部分，因為這麼做而帶來更多收入的情況也不在少數。

本書介紹的三種微FIRE模式中，也分成擅長節約與不擅長節約，因此請確認自己屬於哪一種吧！

① 不擅長賺錢但是很會存錢的

「存錢高手」

如果不擅長賺錢但是很擅長省錢，那麼比起節省時間，最好還是自己帶水壺去公司等，以省錢為優先。

② 擅長賺錢，但是不擅長存錢的

「很會賺小姐」

以節省時間為優先，因此為了確保賺錢的時間，積極使用便利家電吧！

③ 無論賺錢還是存錢都能努力的

「精打細算女士」

至於「精打細算女士」，盡可能（盡量全部）採用這次介紹的極簡生活吧！

LIFE

08 不過度節省，該花就花

話雖如此，無論是省錢還是省時間、無論屬於哪種類型，**都不建議過度節省。**因為節約生活多少還是會伴隨著壓力。

建立資產最重要的是持續。如果因為壓力導致中途感到厭煩，或者物欲大爆發，那就本末倒置了。**因此，多少寬鬆一點也無所謂，能夠持續下去最重要。**

此外，在正式開始「存錢」之前，**我建議先確實設定一段揮霍期。**

「我從小就完全沒有物欲！」這樣的人另當別論，至於大多數人，應該還是天生都會有一定程度的物欲。

尤其十至二十多歲，或許是人生當中物欲最強烈的時期吧？如果這時候勉強忍耐，物欲也恐怕會在長大之後爆發。

因此就長遠的眼光來看，盡量趁著年輕的時候發洩物欲，在日後漫長的資產建立期就有可能更順利。

十至二十多歲不只要滿足物欲，也是自我投資最重要的時期。自我投資愈早進行愈有利。

因此在投資股票之前，不妨先投資自己如何呢？

LIFE

09 專注於「賺錢」，自然就能存錢

我之所以能夠毫無壓力地存錢，主因之一就是**「工作太忙了，沒時間花錢」**。

雖然工時很長，但現在回想起來也覺得埋首於工作發揮了效果，因為全心全力投入本業，忙到幾乎沒時間花錢也是一種存錢法。

「我反而因為累積壓力而買更多東西……」我想也有這樣的人，這種情況很可能是因為他們不適合現在的工作。

我在「賺錢」的部分也提過，**本業的工作也必須讓自己樂在其中。**否則就會發生因為壓力而揮霍的情況。

或者也可能是揮霍期還不夠充分，這種時候，耐心等待物欲稍微穩定也是一個方法。

關於「存錢」的Q與A

Q 花錢方式有好壞之分嗎？

A 好的花錢方式就是，把錢花在對自己而言優先順序高，或者滿意度高的事物。至於壞的花錢方式則是，對自己而言的優先順序或滿意度明明都不高，卻沒有仔細思考就花錢。

以我老公為例，如果商品的價位分成「高、中、低」，我老公不管買什麼都會選擇中價位。因為他覺得只要選擇中間等級的商品就不會失敗。

但是，如果連對自己而言不重要的東西都花錢，那麼就可能永遠都存不到錢，而且當真正想要的東西出現時，也可能不得不放棄。

所以最重要的是，每次消費時，都必須仔細思考這個物品對現在的自己而言優先順序高嗎？滿意度高嗎？

此外，如同前述，投資自己時也不能吝嗇。

Q 我喜歡化妝與打扮，所以阻止不了自己買衣服、包包與化妝品等等。我不管怎麼樣都會浪費錢，該怎麼辦才好呢？

A 請將想買的東西全部寫下來，並試著依照順序排列。如同前述，如果買下所有想要的東西，那就永遠都存不了錢。因此，請先試著只買這份清單中順位最高的物品。

而且我建議不要考慮金額，而是買「真正想要的東西」。根據我的經驗，與其買五個覺得不錯的6萬日圓包包，還不如買一個真正嚮往的30萬日圓包包，這麼做不僅滿意度更高，也會因為珍惜而用得更久。

購物時像這樣抱持著「一件豪華主義」，也能減少物品的數量，幫助轉換成極簡主義生活，所以我很推薦。

Q 我有花錢的嗜好，無論如何都減少不了生活費……

A 如果這是為了讓你的人生更充實的必要嗜好，我想根本不必為了達成微FIRE而犧牲。

遺憾的是，享受花錢的嗜好與達成微FIRE很難兩全其美。因此請再一次仔細思考，對自己的人生而言，何者比較重要？

實際上，我的老公也想開喜歡的車、想要毫無顧慮地買想買的東西，所以他根本不把FIRE當成目標。我站在旁觀者的立場，也很欣賞他為了想要的東西拚命工作的樣子喔！

不過，只要建立了資產，接下來資產就會半永久性地為我們工作，所以剛開始的時候努力建立資產，接下來在享受嗜好時，就把透過這些資產得到的資金再加上去……這也是一個方法。

Q 我節儉成性，捨不得丟東西。該怎麼做才能實踐極簡生活呢？

A 我也不是從一開始就能過著合理的生活。最嚴重的時候，住的房間甚至連站的地方都沒有，那個時候剛好交了男朋友，為了邀請他來家裡而陷入不得不丟東西狀況！（笑）

丟掉家裡的東西伴隨著極大的痛苦。一想到「這個還能用」，或者「這個說不定哪天會用到」，就很難毅然決然丟東西（不過，還有邀請男友來家裡這個最大的任務等著我，所以我就封閉情緒，把東西一口氣都丟掉了）。

基於這個經驗，我現在下定決心「就是因為節儉成性而捨不得丟東西，所以一開始就不應該買」。我在買東西時會遵守以下五個規則。

規則1 徹底調查想買的東西

購買之前，根據性能、價格、設計這三個觀點徹底調查。老實說，這是一項非常麻煩的作業。不過正因為麻煩，如果不是那麼想要，就能在中途放棄。

規則2 是否能夠想像十年後仍繼續使用

除了家電等壽命有限的物品之外，家具與飾品等長期使用的東西，只有能夠想像十年後仍會繼續使用的情境才購買。

規則3 不買不想要的東西

這個世界上充滿了吸引你買東西的廣告。你是否曾在無意間打開電視，或是在IG上看到介紹時，覺得這個東西真不錯，而立刻買下來呢？

我就算放進購物車裡也不會立刻結帳，而是會保留一個月左右。結果經常在下次再看到時就已經冷靜下來，如果到時候還是很想要，就可以購買。

規則4 極度心動的東西就立刻買下來

不過，有時候也存在著命運般的邂逅。

我也曾衝動買下蘋果公司的產品或是藝術作品等，那是當時讓我極度心動的東西，所以至今都不後悔。

這種「極度心動」的感覺或許相當困難，但如果某個物品讓你強烈覺得「我無論如何都想要！」那麼立刻購買，不要忍耐也很重要。

規則5 再度思考這個東西是否值得用「以自己珍貴的時間賺得的金錢」交換

最後問自己這個問題，就能得到答案。

對於考慮FIRE的你而言，自己的時間應該非常寶貴。

因為FIRE就是使用以自己重要的時間賺得的錢買回自己的時間，如果將這些錢拿來交換物品，距離達成FIRE就會變得更遠。

所以必須隨時確認這個東西是否具有這樣的價值。

Q 獨自生活也能減少生活費嗎？

A 獨自生活與住在老家相比，雖然會增加房租與水電費等開銷，但優點是可以自由決定居住的地點。我建議住在距離公司門到門三十分鐘以內的地方。如果通勤時間縮短，就能把增加的時間拿來從事副業等其他能夠創造收入的活動不是嗎？所以考量整體狀況，我不覺得獨自生活與住在老家相比有什麼特別的劣勢。因為實際上，我在出了社會後，也在獨自生活中建立了資產。

不過為了壓低房租，步行到車站的距離就算長一點也請妥協。

此外，工作時在家的時間應該很短，因此就不必在意屋齡與窗外景觀。這個部分也以壓低房租為優先。

再者，如果專注於「賺錢」，購物與外出的頻率就會降低，因此支出也會減少。而且與朋友出遊的機會也會變少，還能削減交際費。只不過，拒絕太多次就會變得沒朋友，因此必須小心（笑）。

Q 繳納故鄉稅還是比較划算嗎？

A 繳納故鄉稅對於家計很有幫助，因此有能力的人請一定要繳！

我想很多人都知道，所謂的故鄉稅指的是捐款給任意的地方政府，並獲得當地名產等作為回禮的制度，而且這項制度非常划算。

捐款超過2000日圓的部分，可以退還所得稅、扣除住民稅，因此，如果有收入且必須繳交所得稅與住民稅的人，實質上只要自己負擔2000日圓就能得到捐款地方的名產（扣除額上限隨著收入與家庭組成而異）。

我推薦透過樂天服務繳納故鄉稅的「樂天故鄉稅」，因為可以和在樂天市場購物一樣獲得點數，如果用得好，獲得的點數甚至有可能超過自己負擔的2000日圓。

夫妻一起努力的情況，或者有小孩的情況，還能達成微FIRE？

夫妻一起以微FIRE為目標時，只需要單純地彼此都根據本書介紹的三種模式中的任何一種準備資金即可。

無論屬於哪種類型，應該都會比獨自努力稍微容易一點。因此只要提高儲蓄率，甚至還能比單身更早幾年達成。

不過，如果不是夫妻兩人都能儲蓄，那就比較困難了。

實際上，我家就是老公屬於賺多少花多少的奢侈生活派，老公幾乎沒有個人資產。因此現在達成微FIRE的只有我。

最大的問題是有孩子的狀況。養育孩子所需的金額，將隨著花多少教育費而大幅改變，因此很難一概而論。

介紹給各位一個參考值，據說養一個孩子的養育費與教育費加起來，平均大約3000萬日圓。不過，如果加上補助金與稅金優待等，實際花費大約2000萬日圓左右，因此大致來看，養一個孩子的養育費約為1000萬日圓，教育費約為1000萬日圓，合計約2000萬日圓。

由此可知，如果有孩子，難度似乎就一口氣提高了，但如果夫妻兩人能夠齊心協力多增加一點收入，或是減少生活費，每個月多存5萬日圓，每年就能多投資60萬日圓。

再考慮到資產建立期約為16年，那麼就能準備多達1500萬日圓左右的資產。

換句話說，假設從三十歲開始建立資產，存錢高手夫妻到了四十七歲能夠準備7500萬日圓（3000萬日圓×2＋1500萬日圓）、很會賺夫妻能夠準備8500萬日圓（4000萬日圓×2＋1500萬日圓）。

各位不覺得如果有這樣一筆錢，就算養兩個孩子也還是有辦法嗎？

實際以存錢高手夫妻進行試算：

四十七歲起以資產7500萬日圓展開微FIRE生活

資產收入 約190萬日圓（從7500萬日圓中提領稅後的2.5%）

勞動收入 夫95萬日圓・妻95萬日圓（實領金額）

⇩ 能夠作為年生活費的資產收入＋勞動收入：380萬日圓

雖然380萬日圓比一般四人家庭的平均生活費稍微少一點，但如果是至今建立了這樣一筆資產的夫妻，靠著這些預算生活應該毫無困難吧？

接著也計算未來十年的資產額與生活費（資產額根據2．5％法則緩慢增加。考慮到稅金等，以年利率2％進行計算）。

五十七歲時的資產額：約9160萬日圓

資產收入 約229萬日圓（從9160萬日圓中提領稅後的2．5％）

勞動收入 夫95萬日圓・妻95萬日圓（實領金額）

⇩ 能夠作為年生活費的資產收入＋勞動收入：419萬日圓

⇩ 這時扣除兩個孩子的教育費2000萬日圓後，

資產額：7160萬日圓

到了這個時候，或許還必須加上孩子的開銷，但能夠使用的年生活費高達419萬日圓，夫妻資產合計也有將近1億日圓。

因此，即使扣除2000萬日圓的教育費，對於老後應該也不會有任何影響。

接著再試算八年後，六十五歲時的資產額。

六十五歲時的資產額：約8400萬日圓

資產收入 約210萬日圓（從8400萬日圓中提領稅後的2.5%）

到了這個年齡，孩子們都離家獨立，也開始領取年金，夫妻兩人如果有這樣一筆資產就足以安穩生活。甚至還足夠資助孩子們的結婚資金、買房資金，或是買東西討好孫子吧？（笑）

INVESTMENT

CHAPTER

4

靠著基金增加資產

存到一定程度的金額之後，終於要開始運用資產（投資）了。

或許也有人會覺得「投資聽起來有點可怕，說起來不就和賭博一樣嗎？」的確，投資不保證還本，整體的金額也經常變得比投資額還要少（尤其投資期間短的時候，本金損失的風險也高）。但投資期間如果拉長，本金損失的風險將逐漸消失，資產也會在上上下下的反覆當中逐漸增加。因此請以十五年前後的長遠眼光進行考量，因為有十五年的時間應該就能達成目標額。

INVESTMENT

01 首先保留100萬日圓的現金存款以備不時之需！*

絕對不能一下子就把手邊的資金全部拿去投資。因為人生不知道會發生什麼事情，手邊還是必須保留一定程度的現金。

手邊保留的金額根據每個人的風險承受度而改變，但我覺得只要有100萬日圓就很夠了。

畢竟幾天內需要一大筆錢的情況非常少，如果有100萬日圓左右，應該就能應付一定程度的情況。

即使需要更多的錢，股票也相對容易換成現金（微FIRE基本上投資的是股票〈基金〉），因此將超過100萬的部分拿去投資也不會有什麼問題吧？

因此，開始投資的第一步，**就是存下100萬日圓的活期存款，作為與微FIRE資金分開的「生活預備金」**。

*譯註：台灣的理財專家一般建議握有六至十二個月生活費的現金。

隨時保留生活預備金

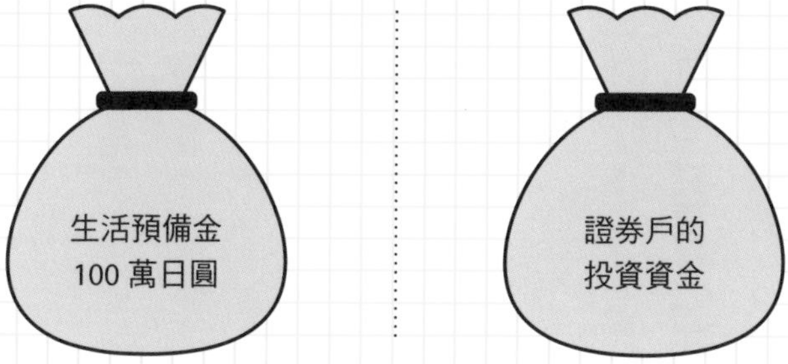

⇨ 完全分開管理。混在一起很危險！

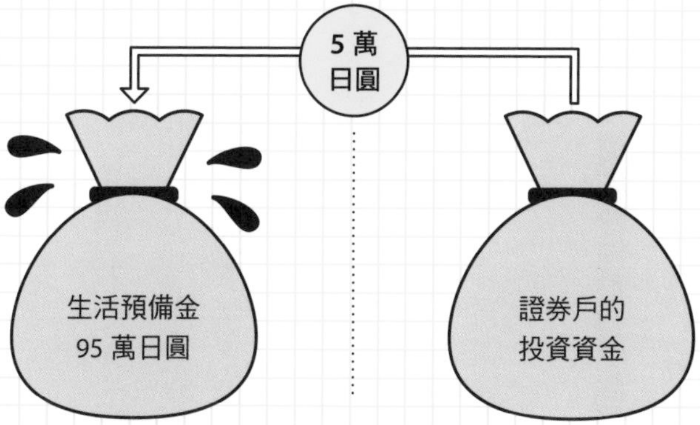

⇨ **如果因為發生什麼事情而領出生活預備金，就立刻以投資資金填補，使其維持 100 萬日圓的水準。**

「如果是 100 萬日圓的話，我已經存到了……」
這樣的讀者可以直接翻到一三六頁。
超過的部分，就移到管理微 FIRE 資金的證券戶，
請具體思考每個月的投資額。

INVESTMENT

02 存下100萬日圓生活預備金的時程表

「我至今為止都是賺多少花多少，完全沒有存款……」我試著從這樣的情況開始，製作「存錢高手」與「很會賺小姐」儲蓄率達成50%，並且存下100萬日圓生活預備金的時程表。舉例來說，如果是存錢高手，就把第一年的生活費從300萬日圓壓縮到250萬日圓。首先參考一〇三頁，重新檢視房租與保險等較大的花費，努力在每個月減少4萬日圓的開銷。第二年的生活費則壓縮到200萬日圓。這時請正式轉換成極簡生活（如果快要浪費錢了，請翻到九十九、一二〇頁！）。到了第三年，如果已經習慣極簡生活，應該也可以開始靠著150萬日圓的生活費過活。

所以，**只要有二年的時間，都有可能從零儲蓄的狀態存到100萬日圓。**因此，從準備好100萬日圓生活預備金的第三年，就可以開始投資了。不過，達成50%的儲蓄率也很重要，如果難以同時進行，請以達成儲蓄率為優先。

從零儲蓄開始的時程表

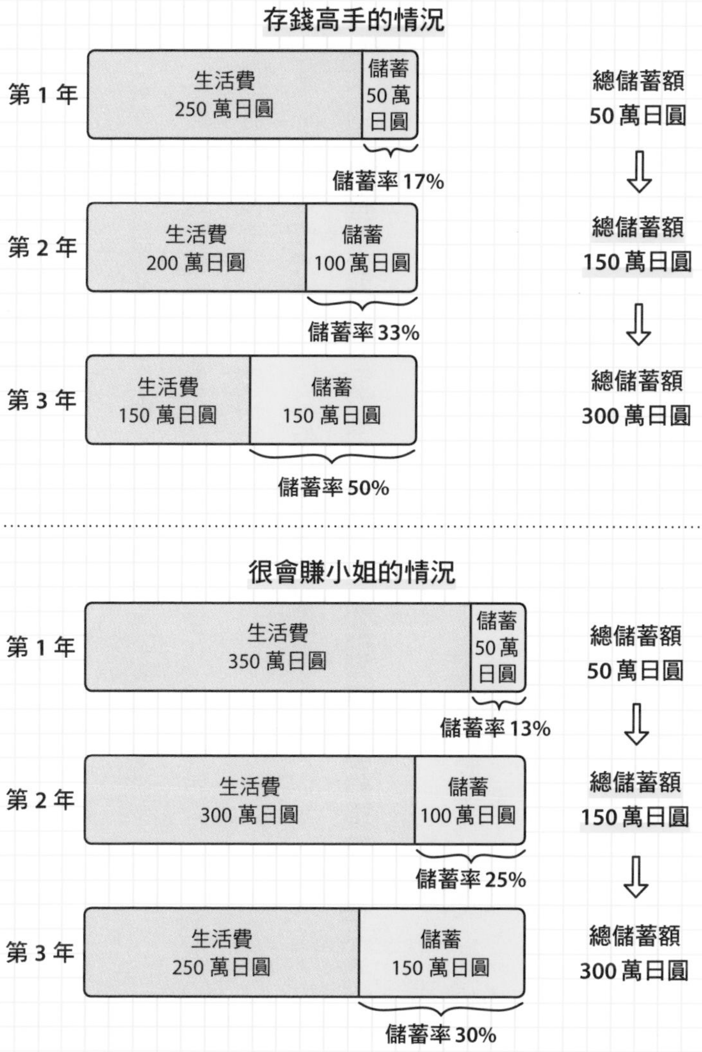
存錢高手的情況
第 1 年
生活費
250 萬日圓
儲蓄
50 萬
日圓
儲蓄率 17%
總儲蓄額
50 萬日圓
第 2 年
生活費
200 萬日圓
儲蓄
100 萬日圓
儲蓄率 33%
總儲蓄額
150 萬日圓
第 3 年
生活費
150 萬日圓
儲蓄
150 萬日圓
儲蓄率 50%
總儲蓄額
300 萬日圓
很會賺小姐的情況
第 1 年
生活費
350 萬日圓
儲蓄
50 萬
日圓
儲蓄率 13%
總儲蓄額
50 萬日圓
第 2 年
生活費
300 萬日圓
儲蓄
100 萬日圓
儲蓄率 25%
總儲蓄額
150 萬日圓
第 3 年
生活費
250 萬日圓
儲蓄
150 萬日圓
儲蓄率 30%
總儲蓄額
300 萬日圓

INVESTMENT

03

準備的時候也建議學習投資

請在開始投資前的儲蓄期間，吸收最低限度的投資知識吧！

不過，只需要知道真正基礎的部分即可。譬如股票到底是什麼？個股、ETF、基金、債券又有什麼差別等等。

本書接下來也會簡單說明，但還是建議再多讀幾本書。

不過，**完全不需要連走勢圖如何解讀之類的專業知識都全部記住**（話說回來，我也不會解讀走勢圖……笑）。

需要學習的不是太過專業的內容，而是只要能夠了解股票的基礎、經濟的基礎等**簡單的部分就夠了。**

推薦三本了解投資領域的書籍

《二十一世紀資本論》[1]

（托瑪・皮凱提著／山形浩生、守岡櫻、森本正史譯／MISUZU 書房）

法國經濟學家托瑪・皮凱提根據詳細的資料，解說全球逐漸擴大的貧富差距。推薦透過本書理解資本主義。

《漫步華爾街》[2]

（墨基爾著／井守正介譯／日本經濟新聞出版社）

自從 1973 年發行初版之後就席捲全世界，堪稱「投資聖經」。透過本書能夠理解指數型投資的優勢。

《巴比倫的好野人》[3]

（喬治・山繆・克拉森著／大島豐譯／ gsco 出版）

如果想要理解建立資產的基礎，最好能夠閱讀本書。即使發行至今已經過了將近 100 年，仍是持續被廣泛閱讀的名著。

1 繁體中文版　詹文碩，陳以禮譯／衛城出版。
2 繁體中文版　楊美齡、林麗冠、蘇鵬元、陳儀譯／天下文化。
3 繁體中文版　張瓅文譯／好人出版。

內容當中也有一些困難的部分，因此建議先看一些內容摘要的 YouTube 等（尤其《二十一世紀資本論》更是難懂，所以只要掌握「r ＞ g」的概念就夠了）。只有在想要知道詳細內容時，再買書來讀即可。

INVESTMENT

04 投資什麼標的呢？我唯一選擇股票

那麼，終於要開始投資了。但我想很多人遭遇的第一個挫折，就是不知道該投資什麼才好。因為我在剛開始的時候也一樣。

我剛開始投資的時候，資訊還不是很充分，只好根據微薄的資訊進行了高風險的投資，但現在已經到處都充斥著有用的資訊了。不過，就是因為資訊太多，所以不知道該參考哪些才好。想必也有不少人陷入這樣的狀態。

首先，雖然都是投資，但是也有各種不同的標的。股票、債券、不動產，甚至還有黃金與白銀之類的原物料等等。

不過，這次我想要只限定在股票。

因為就如左圖所示，**股票是長期來看成長最多的投資標的，而我也只靠著股票就建立了資產。**

＊債券：國家或地方自治團體、企業等為了向投資者借入資金所發行的有價證券。

股票、債券、黃金、美元的走勢圖

這張圖顯示的是，如果在二百年前以 1 美元分別投資股票、債券、黃金、美元，到了今日分別會變成多少錢。

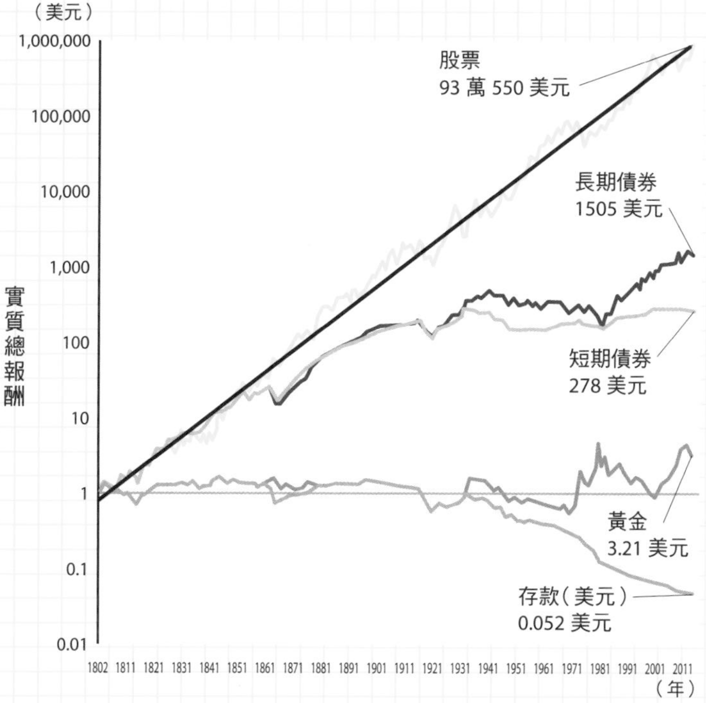

出處：American Association of Individual Investors Journal,August 2014

看圖就一目了然，**股票明顯地不斷成長。**
為了達成微 FIRE 需要增加資產，因此請**投資股票吧！**

INVESTMENT

05 個股？ETF？基金？該選哪一種!?

那麼，開始投資股票！話雖如此，股票也有許多種類。大致來說可以分成個股、ETF、基金這三種。

個股指的是TOYOTA、APPLE等在股票市場中上市的單一企業股票。至於ETF與基金，則是集合這些個股組合而成的套裝商品。

有些ETF與基金包含了股票以外的商品（債券與REIT*等），也有一些只由股票以外的商品組成。根據組合方式能夠包裝成無限多種商品，因此市面上的商品種類多達一萬種以上，數量非常龐大。

我剛開始投資時，買的是日本的個股，因為那是當時的主流。所以現在也持有許多個股，但如果問我比較建議接下來才準備開始投資的人買個股、ETF還是基金？**我絕對會推薦基金。**理由是**現在的基金非常優秀。**

---

* REIT：不動產投資信託。向投資人募集資金投資不動產，並將租金收入與販賣的利潤分配給投資人的商品。

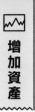

個股、ETF、基金的示意圖

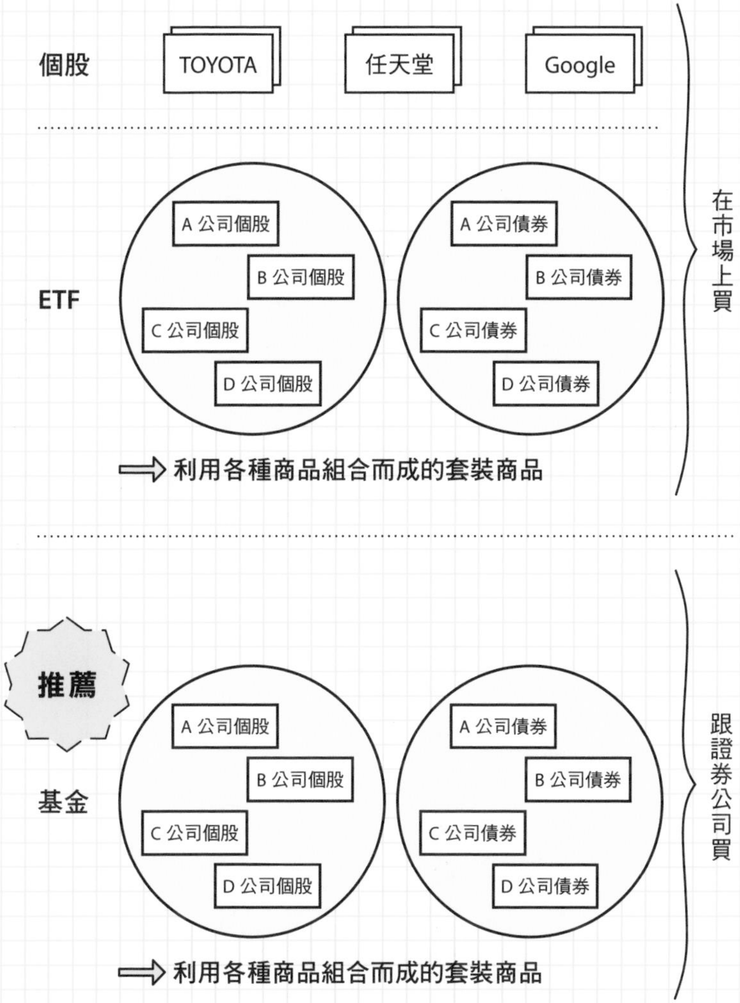

INVESTMENT

06

我也正從個股投資逐漸轉換成定期定額購買基金！

我也從幾年前開始幾乎不再投資個股，幾乎全都轉換成定期定額基金*。原因是這幾年指數型（接下來會說明！）基金的手續費變得非常低，而且還具備定期定額自動扣款的功能（換句話說就是可以擺著不管！）。

因為我從十五年以上的投資經歷中發現了二件事情。

分別是**「股票交易是心理戰」**，以及**「資金愈多愈有利」**。

換句話說，經驗少，資金也少的散戶，**不太可能贏過經驗豐富，資金也充沛的機構投資者。**

雖然說「投資九成會虧錢」，但我實際上的感受是，九成的獲利都被機構投資者拿走，散戶則彼此爭奪剩下的一成。

簡而言之，**散戶進行個股交易的難度非常高。**

*定期定額：舉例來說，不是一次投資 12 萬日圓，而是每月投資 1 萬日圓，連續十二個月共投資 12 萬日圓。

交給專家，輕鬆投資吧！

買賣個股的時候……

・總是在意股價，無法專心工作
・對於投資初學者常見的「自己買了就跌……」「自己賣了就漲……」的狀況感到焦躁。

⇨ 在心理戰中挫敗

如果是指數型基金……

・價格與指標連動，所以與心理戰或資金規模無關！
・只要利用定期定額制度，就能輕鬆採取平均成本法＊。

⇨散戶也能確實增加資產的最強方法！

＊平均成本法（Dollar Cost Averaging，DAC）：每隔一定期間，以一定金額買進價格變動的金融產品的手法。能夠在價格低的時候買多一點，價格高的時候買少一點，藉此分散風險。

如果你是有能力解讀行情的天才，可以根據自己的判斷買賣，**不過對於絕大多數的人，我還是建議以定期定額自動扣款的方式平淡地投資。**
如果十五年前就能像現在這樣，以定期定額的方式投資指數型基金，**我的資產應該會變得比現在更多吧！**

INVESTMENT

07 什麼是指數型基金？

話說回來，這個「指數型」到底是什麼呢？所謂的指數型，指的是設計成價格與世界知名經濟指標（紐約道瓊、S&P500、日經平均等）連動的基金。

至於與指數型相對的基金則稱為「主動型基金」。這種類型的基金，則是以獲得高於市場平均的報酬為目標，由稱為「基金經理人」的專業人士選擇投資標的。

由於主動型基金需要人為判斷，手續費也會變得比較高，但從資料來看，與被動型基金相比，成績絕對稱不上好。

既然如此，**那就沒有必要特地選擇手續費較高的主動型基金吧？**

所以我的投資對象以指數型基金為主。

指數型基金與主動型基金的差別

指數型

目標是與指數連動，達成平均值

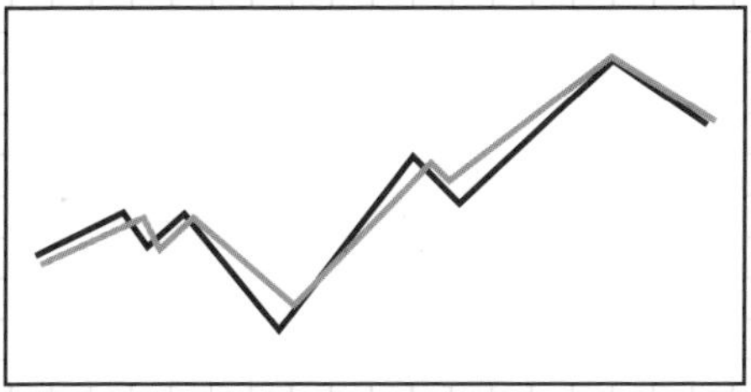

手續費 低

主動型

目標是高於指標，但成績時好時壞

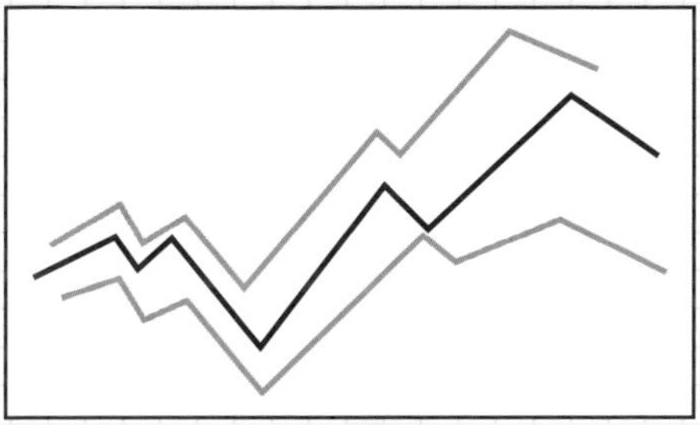

手續費 高

既然連專業的基金經理人挑選的投資組合都無法勝過市場平均，散戶更是不可能吧。**所以我選擇指數型基金！**

INVESTMENT

08

基本上投資美國等可望成長的國家

我想大家都知道定期定額的指數型基金有多麼優秀了，但指數型投資也有五花八門選擇。所以想必也有很多人在這時候不知道該如何挑選。

不過，我也不知道該買哪一檔最好。

這也是理所當然，畢竟未來的事情誰也無法預測。

但基本上，我**建議購買以美國為主的投資組合＊，因為美國雖然是先進國家，但今後仍可望持續成長。**

當然，誰也不知道美國接下來是否真的會持續成長，但就可能性很高這點而言，不就是目前最有力的選項嗎？

如果對於只選美國感到不安，那麼最好**挑選能夠普遍投資全世界的基金。**

＊投資組合：持有的金融商品的組合。

推薦的指數型基金

三菱 UFJ 國際投信的 eMAXIS Slim 系列

樂天投信投資顧問的樂天系列

SBI 資產管理的 SBI・V 系列

從這三個系列裡面選擇全世界與美國的指數型基金投資。最主要的理由當然就是手續費便宜了。不過，這三個系列的手續費經常競爭，所以最便宜的商品會隨著時期而改變。話雖如此，價差也微乎其微，基本上只要從這三個系列挑選，哪一家都不會有問題。

我在 2021 年 12 月推薦的基金如下

普遍投資全世界	SBI・全世界股票指數基金（暱稱：雪人〔全世界股票〕）
以美股為主	SBI・V・S&P500 指數基金（暱稱：SBI・V・S&P500）
以中國與印度等新興國家為主	SBI・新興國股票指數基金（暱稱：雪人〔新興國家股票〕）

如果使用 iDeCo……

SBI	三菱 UFJ 國際 eMAXIS Slim 美國股票（S&P500），或是 SBI-SBI・全世界股票指數基金（暱稱：雪人〔全世界股票〕）
樂天	樂天・全美股票指數基金（暱稱：樂天先鋒領航基金〔全美股票〕），或是樂天・全世界股票指數基金（暱稱：樂天先鋒領航基金〔全世界股票〕）

基本上以美國股票或全世界股票的商品為主，此外也建議試著稍微加入一點新興國家基金，或是部分主動型基金與個股等自己挑選出來的標的。

INVESTMENT

09 開設稅率優惠的NISA帳戶吧!

大家在了解**「只需要定期定額投資指數型基金即可」**後，接著也來看看帳戶的種類吧！

買基金需要在證券公司開設證券戶。

帳戶的種類分成NISA帳戶*、特定帳戶（有／無預扣稅金）、一般帳戶這三種（NISA帳戶為非課稅帳戶，特定帳戶與一般帳戶則為課稅帳戶）。

所以，**最應該優先使用的就是非課稅的NISA帳戶了。**

不過，NISA規定了能夠使用的金額上限，所以如果買賣的金額太大，也需要使用課稅帳戶（特定帳戶或一般帳戶）。

特定帳戶是證券公司會幫忙計算損益的帳戶，一般帳戶則是自己計算。如果選擇「有預扣稅金的特定帳戶」，證券公司就會幫我們計算好稅額並繳稅，所以在NISA帳戶的額度用完後，只要選擇**「有預扣稅金的特定帳戶」**即可。

＊NISA：以散戶投資人為對象，基金等的投資利潤與利息等免稅的制度。稅金一般為利潤的約 20%。

證券戶的種類

投資利潤不需繳稅的證券戶

一般 NISA	每年額度 120 萬日圓，最長可五年免稅。不只基金，也可購買個股或 ETF。
定期定額 NISA	每年額度 40 萬日圓，最長可二十年免稅。只可購買適用此制度的基金。

＊一般 NISA 與定期定額 NISA 不可併用。每年必須選擇其中一種。

稅率為投資利潤的 20.315% 的證券戶

特定帳戶（有預扣稅金）	從損益計算到納稅都會幫忙處理好，所以不需要自己申報。← **最推薦！**
特定帳戶（無預扣稅金）	雖然會幫忙計算損益，但不會幫忙納稅，所以需要自己申報。
一般帳戶	從損益計算到納稅全部都得自己來。

無預扣稅金的特定帳戶，適合年利潤不高，只有 20 萬日圓以下的人，至於一般帳戶則適合想要自己計算每年損益與申報的人。
如果以微 FIRE 為目標，投資的金額想必相當高，**這時候唯一選擇簡便的「有預扣稅金的特定帳戶」！**

INVESTMENT

10 確定提撥制度（iDeCo或企業型DC）也有必要！

iDeCo則與證券戶不同，在定位方面屬於年金（個人型確定提撥制度）。或者說不定也有人已經在上班的公司，加入了企業型確定提撥制度，也就是企業型DC。

這也是一項很棒的制度，不僅能將提撥金額從所得稅中扣除，投資的利潤也免課稅。不過，確定提撥制度也存在著限制，那就是在六十歲之前無法領出。或許也有很多人因為在意這點，而沒有使用這項制度吧？

但是，六十歲之前無法領出反而安心。因為像微FIRE這種比一般人提早十至十五年脫離穩定上班族的生活型態，**退休金與年金當然也會比工作到退休的上班族少。**

為了彌補老後的資金劣勢，**以微FIRE為目標的人，更是必須活用確定提撥制度。**

確定提撥制度

確定提撥制度的注意事項

・商品種類隨著使用的證券公司與銀行而異
・如果目前已經加入企業型 DC，就無法加入個人型 iDeCo（不過從 2022 年 10 月起可以同時加入了）

確定提撥制度的優缺點

・提撥金額可從所得稅扣除（NISA 所沒有的制度）
・投資利潤免課稅
・不過，領出時視為退休金或年金，因此可能會被課稅

＊如果盲目提撥高額資金，解約的部分可能會被課稅，因此必須謹慎計算（計算時必須根據加入的期間、自己預期領到的退休金與年金推導出結果，有點麻煩）。

⇨ **準備工作到退休，而且預期將領到近 2000 萬日圓退休金的上班族，不太推薦使用這項制度。**

⇨ **反之，雖然是上班族但沒有退休金，或者因為從事自營業而沒有退休金與國民年金，那就非常推薦！**

INVESTMENT

11 NISA、確定提撥制度、特定帳戶的優先順序？

整理到此為止的內容，以微FIRE為目標的人需要用到NISA帳戶、確定提撥制度，以及特定帳戶這三項。而三者的優先順序如下：

①投資免課稅的一般NISA或是定期定額NISA

②免課稅而且還能抵稅的確定提撥制度（iDeCo或是企業型DC）

③有預扣稅金的特定帳戶

基本上先依序將資金投入有稅制獎勵的①②，但我想NISA與確定提撥制度的額度很快就會用完，因此也務必一併開設③的特定帳戶。

推薦哪間證券公司呢？

樂天證券、SBI 證券這兩家商品種類豐富的大型證券公司。

如果是企業型 DC，必須在公司指定的證券公司開戶，無法自由選擇，但 iDeCo 就可以選擇任何一家證券公司。

我根據兩者各自的優點分開使用：

- **NISA 與 iDeCo 選擇樂天證券，因為不管怎麼說用起來都非常方便**
- **以美元計價的美股與 ETF 就選擇 SBI 證券，因為 SBI 證券結合住信 SBI 網路銀行一起使用，換匯的手續費就會變得非常低。**

換句話說，如果主要使用 NISA 及確定提撥制度定期定額投資基金就選擇樂天證券，如果也想投資美國個股就選擇 SBI 證券嗎？

同時在兩家證券公司都開戶當然也可以！

NISA 與確定提撥制度既能合法節稅也能投資，是國家幫我們準備的出色制度。**長期來看，兩者的節稅效果都非常好！**如果不利用就太虧了。

INVESTMENT

12 絕對推薦用樂天信用卡買基金！

如同八十四頁介紹的，樂天證券具有**「使用樂天卡付款購買基金能夠累積點數」**的優點。不過，SBI證券現在也展開同樣的服務，因此使用哪家都可以（摩乃科斯證券也預定從2022年1月之後開始提供點數累積）。

樂天與摩乃科斯（預定）的點數為1%，SBI則為0.5%，兩者差了一倍，所以我想還是應該以1%為優先。

不過如果在SBI申辦等級較高，需要年費的信用卡，就可以獲得1%至2%的點數。所以如果在SBI使用這些卡片較有利的人，也可以選擇這個。

此外，**倘若投資額較大，同時使用兩者也是可以的。**

本書的介紹則以我最推薦的樂天證券為主。

如何使用樂天信用卡投資定期定額基金

能夠以樂天信用卡付款的基金上限為每月 5 萬日圓。將這 5 萬日圓使用於 NISA 帳戶是目前最優惠的方式！

一般 NISA

以樂天信用卡支付 5 萬日圓……

在一般 NISA 的額度當中定期定額投資 5 萬日圓

⇨ **每月獲得 500 點！**

定期定額 NISA

以樂天信用卡支付 5 萬日圓……

每月投資定期定額 NISA 的額度上限＊ 33,333 日圓	透過特定帳戶 每月投資 16,667 日圓

⇨ **每月獲得 500 點！**

＊定期定額 NISA 的上限為每年新增加 40 萬日圓的投資額，因此平均下來是每個月 33,333 日圓（33,333 日圓 ×12 個月＝ 399.996 日圓）。

我家的情況是，我用一般 NISA，老公用定期定額 NISA，
因此我們兩人都像前述那樣把 5 萬日圓的額度用完，
每個月合計取得 1000 點！

INVESTMENT

13 總結開始投資前的準備

經由以上的介紹可以知道，開始投資之前首先必須進行以下這些準備：

①在樂天證券、SBI證券或摩乃科斯證券開設NISA帳戶與特定帳戶（之後會再說明該開設一般NISA帳戶還是定期定額NISA帳戶）。

②如果在樂天證券開戶就申辦樂天卡，在SBI證券開戶就申辦對應的三井住友卡，在摩乃科斯證券開戶就申辦摩乃科斯卡。

③如果能夠加入iDeCo，就在其中一家證券公司開設iDeCo帳戶。

此外，在這些證券公司開戶時，如果能夠透過八十六頁介紹的點數回饋網站，就能一口氣累積好幾萬點，所以請務必同時進行。

這麼一來就大致準備完成了！

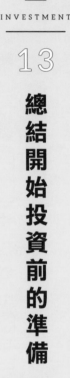

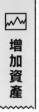

投資前的準備確認清單

- [ ] ❶參考一四六至一五三頁，在樂天證券、SBI 證券或摩乃科斯證券開設 NISA 帳戶與特定帳戶（有預扣稅金）

⇩

- [ ] ❷在樂天證券開戶就申辦樂天卡，在 SBI 證券開戶就申辦對應的三井住友卡，在摩乃科斯證券開戶就申辦摩乃科斯卡

⇩

- [ ] ❸如果能夠加入 iDeCo，也在其中一家證券公司＊開設 iDeCo 帳戶

＊如果沒有特殊理由，建議在開設 NISA 帳戶與特定帳戶的證券公司開設 iDeCo 帳戶，管理起來較輕鬆。

只有樂天卡能夠無條件地永久免年費，因此如果不知道該在哪一家開戶，選擇樂天準沒錯！

INVESTMENT

14 投資金額為證券戶內的80%

做好購買投資商品的準備之後，**就從證券戶的存款中，拿出80%作為投資資金吧！**如果每年都在證券戶中存入100萬日圓，就將80萬日圓拿來投資，如果存入150萬日圓，就將120萬日圓拿來投資……大概是這種感覺。或許也有人覺得「一下子就要投資這麼多!?」但推導出4%法則的美國研究，也做出**股票的比例愈高，本金的維持率也愈高的結論。**因此，至少要將證券戶存款中的75%以上拿來投資股票。

話雖如此，如果將證券戶中的存款100%拿來投資，暴跌的時候就會動彈不得，更重要的是對心理健康不好。

儘管股票市場總是在波動當中緩慢上升，但每十至二十年也可能會遭遇一次因為巨大波動而暴跌。

我自己在金融海嘯後，幾乎將手邊資金的100%都拿去投資了，後來沒有發生暴跌只是運氣好，如果又遇到嚴重暴跌也無法加碼，想必會造成相當大的精神壓力。由此可知，**在投資組合中加入部分現金，就能成為精神安定劑。**

在微 FIRE 資金中保留 20% 的現金

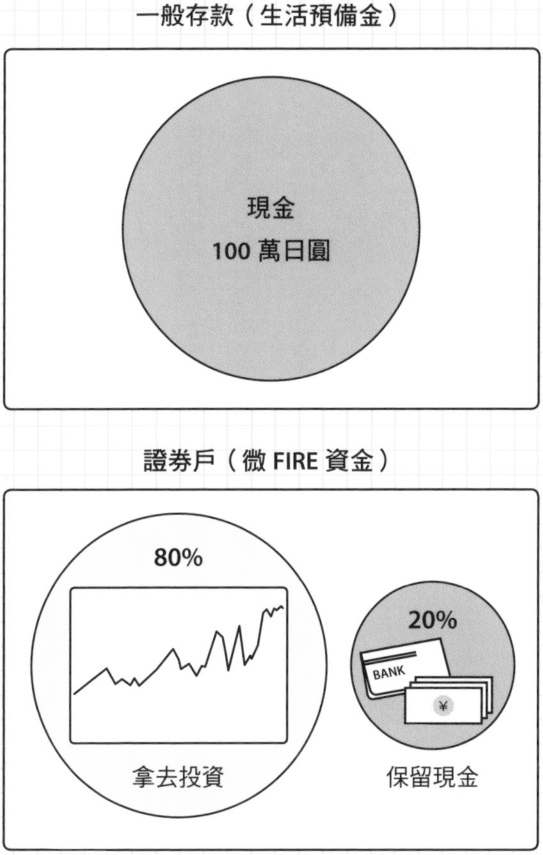

⇩

資產確實靠著投資逐漸增加，
但在遭遇暴跌時也留有現金

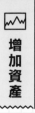

INVESTMENT

15

年投資額120萬日圓以內，唯一選擇定期定額NISA×基金！

接下來將根據不同的投資金額，介紹建議的投資對象。

首先，**如果年投資額120萬日圓以內（每個月10萬日圓），請唯一選擇利用定期定額NISA與確定提撥制度的基金。**

一般NISA的額度為每年120萬日圓，但考慮到也會使用確定提撥制度，一般NISA的額度不會用到滿，所以不要使用一般NISA比較保險。

而第一優先應該是使用樂天卡付款的定期定額NISA。

購買的商品，則推薦前面也介紹過的全美股票或是全世界股票。

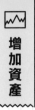

每月 5 萬日圓以內（每年 60 萬日圓）

最優先使用 NISA 帳戶！舉例來說，如果每月預算為 3 萬日圓，那就不使用確定提撥帳戶與特定帳戶，全額存入定期定額 NISA 帳戶。

每月 3 萬日圓

樂天卡付款	定期定額 NISA	30,000 日圓

每月 5 萬日圓

樂天卡付款	定期定額 NISA	33,333 日圓
樂天卡付款	特定帳戶	16,667 日圓

每月 5 萬～10 萬日圓（每年 60 ～ 120 萬日圓）

如果每月超過 5 萬日圓，而且能夠使用 iDeCo 或企業型 DC 的組合提撥制度，也請積極活用。

＊但能不能使用企業型 DC 的組合提撥（增加提撥金額）依公司而異，必須向自己的公司確認是否可以使用。此外，能夠增加的金額範圍也從 12,000 ～ 68,000 日圓不等。

每月 10 萬日圓／上班族

樂天卡付款	定期定額 NISA	33,333 日圓
樂天卡付款	特定帳戶	16,667 日圓
iDeCo 或企業型 DC 組合提撥		20,000 日圓
特定帳戶		30,000 日圓

每月 10 萬日圓／自營業

樂天卡付款	定期定額 NISA	33,333 日圓
樂天卡付款	特定帳戶	16,667 日圓
iDeCo		50,000 日圓

INVESTMENT

16

如果年投資額超過120萬日圓……

如果年投資額在120萬日圓（每月10萬日圓）以內，那就不用想太多，總而言之淡然地設定好基金的定期定額投資就對了。但**如果年投資額終於突破120萬日圓，我也建議該逐漸開始評估其他的投資對象。**

當年投資額超過120萬日圓的時候，定期定額NISA與確定提撥制度等的免稅額度想必已經用完，因此必須從定期定額NISA轉換成一般NISA，超過的部分則使用特定帳戶。

①投資個股也有個股的樂趣！

定期定額NISA只能購買部分基金，但一般NISA與特定帳戶能夠買進個股，因此不妨也考慮將個股當成投資對象。

舉例來說，個股最大的魅力就是**會發配股息**（雖然也有部分基金會配息，但指數型基金幾乎不會）。此外，雖然只限日股，但如果買進個股也能享有**股東福利**。

老實說，**對於建立資產而言，投資指數型基金就已經足夠了。**但為了在樂趣中長期持續投資，還是需要一定程度讓人感到愉快的要素。

②投資ETF如何呢？

ETF能夠購買基金所沒有的組合商品。

尤其在美國上市的ETF中，有「SPYD」與「HDV」等將重視配息的個股集合起來的商品，這些商品無法透過基金購買，因此如果想要加入高股息的組合，也可以投資這些標的。

③持有部分美元資產的優點

APPLE與Amazon等在美國上市的個股，或是SPYD等ETF，基本上必須以美元購買。因此，首先必須將日圓換成美元，再使用這些美元購買商品（至於在日本上市的股票，或是在證券公司販賣的基金能夠以日圓計價購買，因此就不需要先換成美元）。

此外，購買美元計價的商品也會受到匯率影響，所以難度稍微高一點（不過即使是以日圓計價的基金，只要內容為海外商品，基金淨值＊還是會反映匯率風險）。不過就長遠來看，無法預測日圓今後將如何變化，所以**我想持有部分美元資產也不是壞事。**雖然對於討厭資產複雜化的人而言並不推薦，但為了透過外匯分散風險，像這樣投資部分美元計價的商品也是一個方法（我的投資組合當中，也有約20％是美元計價的美股或ETF）。

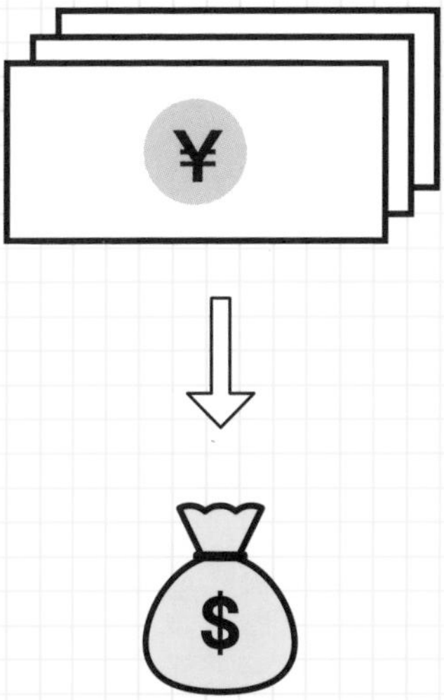

- 有些商品只能以美元購買
- 為了分散風險，或許也可以將部分資產換成以美元計價的商品

＊基金淨值：換句話說就是基金的價格。

INVESTMENT

17 三種類型的定期定額具體投資範例！

接下來就根據到此為止的內容，介紹存錢高手、很會賺小姐與精打細算女士的定期定額投資具體範例。附帶一提，由於這三人都設定為上班族，因此也假設每月透過iDeCo投資2萬日圓，或是透過企業型DC的組合提撥制度，再增加2萬日圓的定期定額投資（但也有一些企業不提供增加提撥金額的組合提撥制度）。

存錢高手每月投資10萬日圓，很會賺小姐每月投資13．3萬日圓，精打細算女士每月投資16．7萬日圓，由於她們每月拿出的投資額不同，因此使用的帳戶，譬如該用定期定額NISA還是一般NISA，以及在哪個帳戶定期定額投資多少錢等也不一樣。請參考這裡介紹的定期定額投資方式，選擇一四二至一四三頁介紹的指數型基金商品。

① 不擅長賺錢但是很會存錢的

「存錢高手」→一六六頁

每月透過定期定額 NISA ＋特定帳戶＋ iDeCo 或是企業型 DC 投資 10 萬日圓。

② 擅長賺錢，但是不擅長存錢的

「很會賺小姐」→一六八頁

每月透過定期定額 NISA ＋特定帳戶＋ iDeCo 或是企業型 DC 投資 13.3 萬日圓。

③ 無論賺錢還是存錢都能努力的

「精打細算女士」→一七〇頁

每月透過一般 NISA ＋特定帳戶＋ iDeCo 或是企業型 DC 投資 16.7 萬日圓。

不擅長賺錢但是很會存錢的

「存錢高手」

年薪 **380** 萬日圓
（實領 300 萬日圓）

- 年生活費：150 萬日圓
- 年儲蓄額：150 萬日圓

必要資產額 **3000** 萬日圓

存錢高手每年在證券戶存入 150 萬日圓，而其中的 80% 就是 120 萬日圓，因此她將 120 萬日圓拿去投資，剩下的 20%，也就是 30 萬日圓則作為現金緩衝，保留在證券戶裡。

NISA 則建議定期定額 NISA。

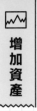

證券戶內的 150 萬日圓

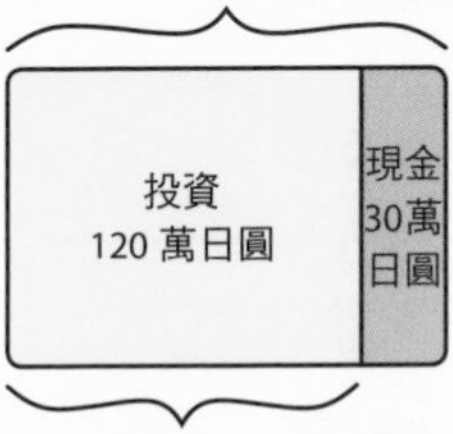

每月投資 10 萬日圓……

- 樂天卡付款 定期定額 NISA 33,333 日圓
- 樂天卡付款 特定帳戶 16,667 日圓
- iDeCo 或企業型 DC 組合提撥 20,000 日圓
- 特定帳戶 30,000 日圓

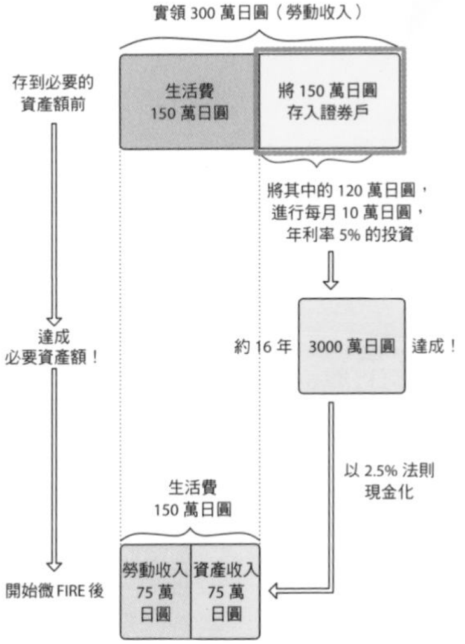

如同一四五頁的介紹，
定期定額投資的對象，
無論是全世界型或
S&P500 都可以，
但剛開始可能會相當
不安，所以建議
只買一檔全世界型
基金比較單純。

擅長賺錢，但是不擅長存錢的

「很會賺小姐」

年薪 520 萬日圓（實領 400 萬日圓）

- 年生活費：200 萬日圓
- 年儲蓄額：200 萬日圓

必要資產額 4000 萬日圓

很會賺小姐的年投資額超過 120 萬日圓，因此也可以試著挑戰個股或 ETF。如果覺得「突然要我投資個股太難了……」不妨也試著使用 SBI 證券的信用卡結帳，提高指數型基金的定期定額金額。

如果後來逐漸開始習慣了，也建議可以開始慢慢購買基金以外的商品。

證券戶內的 200 萬日圓

每月投資 13.3 萬日圓……

- 樂天卡付款　定期定額 NISA　33,333 日圓
- 樂天卡付款　特定帳戶　16,667 日圓
- iDeCo 或企業型 DC 組合提撥　20,000 日圓

→到此為止每月投資 7 萬日圓（每年投資 84 萬日圓）

- 剩下的 76 萬日圓可以用來提高定期定額的金額，或是利用特定帳戶購買個股與 ETF。

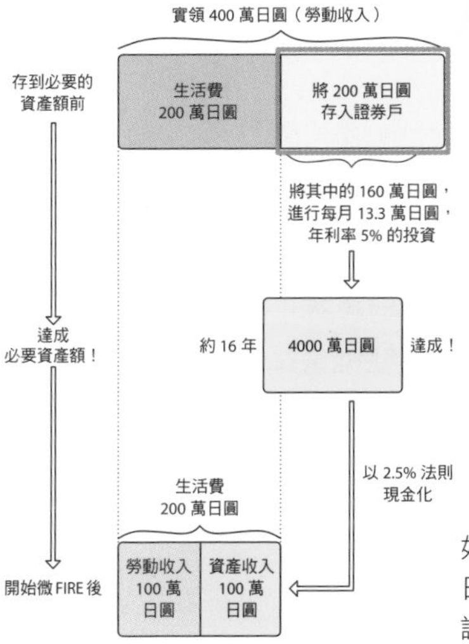

如果是我，會拿這 76 萬日圓購買穩定的大型股。詳情請參考一七八頁。

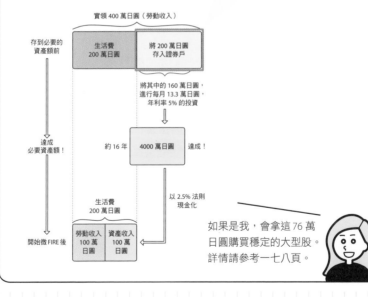

無論賺錢還是存錢都能努力的

「精打細算女士」

年薪 **520** 萬日圓
（實領 400 萬日圓）

○年生活費：150 萬日圓

○年儲蓄額：250 萬日圓

必要資產額 **3000** 萬日圓

精打細算女士的投資額相當高，因此建議使用一般 NISA，而非定期定額 NISA。如果是一般 NISA，不僅可以投資基金，也能買進個股與 ETF，因此，就算使用樂天卡付款，以定期定額的方式買到上限 5 萬日圓，也還有 116 萬日圓的資金，一般 NISA 還有 60 萬日圓的額度，特定帳戶也還有 56 萬日圓。

其中特定帳戶的 56 萬日圓，可以改用樂天以外的信用卡購買定期定額基金。如果將來達成微 FIRE 後，想要領取股息或股東福利，也可以買進會發配股息與股東福利的個股。

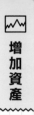

每月投資 16.7 萬日圓……

- 樂天卡付款 定期定額 NISA 50,000 日圓
- iDeCo 或企業型 DC 組合提撥 20,000 日圓

→到此為止每月投資 7 萬日圓（每年投資 84 萬日圓）

- 剩下的 116 萬日圓（一般 NISA 60 萬日圓＋特定帳戶 56 萬日圓），可以用來提高定期定額的金額，或是購買個股與 ETF。

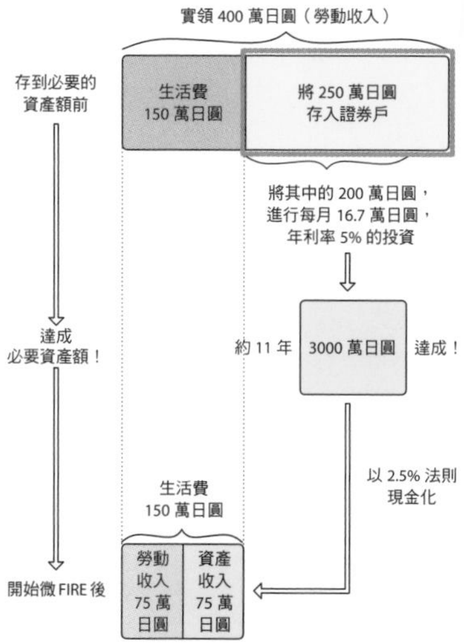

如果是我，會在特定帳戶使用信用卡結帳購買定期定額基金，至於一般 NISA 的帳戶則用來購買個股。

INVESTMENT

18

我每年約240萬日圓的投資對象

接著介紹我目前的投資對象給各位參考。

我已經開始微FIRE的生活，因此沒有相當於員工薪水的資金，但我會定期賣出持有的個股、領取配息，此外還有事業收入，所以還是會有一定程度的資金。因為這樣，我現在仍每年新增200萬日圓以上的投資。

我現在的定位為自營業者，iDeCo的定期定額投資可達到滿額的67000日圓（如果沒有繳納國民年金的附加保險費，則可達到68000日圓）。因此只有極少數的投資需要用到課稅的特定帳戶。

而我的投資內容非常單純，主要是前面也推薦的美國及全世界指數型基金，再加入一點新興國家指數型基金及主動型基金。至於iDeCo的定位屬於年金，因此投資的是防禦性稍高的內容。

每年約 240 萬日圓的投資對象

「樂天證券」使用樂天卡支付的部分 ＊每月

一般 NISA	eMAXIS Slim 美股（S&P 500）	30,000 日圓
一般 NISA	SBI・新興國家股票指數型基金 （暱稱：雪人〔新興國家股票〕）	15,000 日圓
一般 NISA	iFreeNEXT FANG+ 指數型	5,000 日圓

合計：50,000 日圓

「樂天證券」iDeCo 帳戶 ＊每月

樂天・全美股票指數型基金 （暱稱：樂天先鋒領航基金〔全美股票〕）	26,800 日圓
樂天・全世界指數型基金 （暱稱：樂天先鋒領航基金〔全世界股票〕）	40,200 日圓

合計：67,000 日圓

「SBI 證券」特定帳戶 ＊每月

二檔美國 EFT 的 SPYD　　合計：約 30,000 日圓

＊預計在手邊的美元用完後結束

「樂天證券」一般 NISA 剩下的 60 萬日圓額度，
就拿來單筆投資個股等

⇨ 年投資金額合計：約 240 萬日圓

INVESTMENT

19 將投資當成有趣的終生事業！

從前的日本，只要把錢放在定存，每年就能獲得5%左右的利息。就算自己不投資，也能毫無風險地獲得如此之高的報酬。但是現在呢？就算把錢放定存，利息也少得可憐。

沒錯，現在這個時代，**唯有靠自己投資才能增加資產。**

而且，今後的日本將更加少子和高齡化，不僅在工作時會被徵收高額稅金，老後的年金還變得更少。如果壽命延長，必須準備的老後資金也非得增加不可。

一想到這樣的未來，就會覺得在討論該不該把FIRE當成目標之前，**更應該為自己的老後養成投資習慣。**

所以我想，**投資不管對誰而言，都會成為人生中不可或缺的終生事業。**

說是「投資＝人生」也不為過。
既然如此，不好好享受就太虧了！

INVESTMENT

20

培養相當於「自己分身」的金融資本很有趣！

前面已經提過，**金融資本就相當於自己的分身。**

我非常喜歡荒木飛呂彥的《JOJO冒險野狼》，而我覺得《JOJO》中出現的「替身」，簡直就是相當於自己分身的金融資本。

替身就是將自己的精神力實體化，而且會隨著修行而變得愈來愈強。替身的實力是未知數，其所發揮的超凡能力，甚至已經突破身為本體的人類領域。

我們的資產也一樣，**愈培養就會變得愈強（愈龐大）**。而且自己所擁有的知識、技能、體力等資本有限，**但金融資本卻沒有極限。**

金融資本所蘊藏的潛力，就像這樣比本體更加深不可測。所以我認為培養金融資本是一件非常愉快的事情。

金融資本

INVESTMENT

21

有回饋還是比較開心！也投資高配息股與有股東福利的股票

「唔，但我還是不太能體會培養金融資本的樂趣……」**我建議這樣的人，在投資組合中加入會發配「股息」的個股，**實際感受投資帶來的好處。

我也因為剛開始就先從投資個股入門，所以至今仍持續領取股息。我持有的個股大約五十檔，所以能夠從各家公司都各領取一點，而一般來說，不動產或貿易類股具有配息較高的傾向。因此不妨從這些類股當中挑選一些買進。至於以美元計價的類股，則推薦號稱「股息之王」的P&G以及J&J。

至於股東福利方面，我很少為了福利買股票，所以不是很清楚，但也持有知名的歐力士與JT。這兩檔股票也屬於高配息股，因此只持有一百股*也是沒問題的。

* 只持有 100 股：因為日本股票通常以 100 股為單位買賣。不過也有公司提供能夠投資 100 股以下的「零股」的服務。

投資個股的優缺點

優點

- 會發配股息（但也有無配息的個股）
- 有些日本股票會設定股東福利
- 能夠期待大幅度上漲

缺點

- 購買單價較高（數萬至數百萬日圓）
- 挑選起來較困難
- 也可能大幅下跌

如果是右頁介紹的大型股就相對安心。
我也懷著持有一輩子的打算買進。

INVESTMENT

22 如果資產超過1000萬日圓……

如果資產超過1000萬日圓，一定要製作**資產管理表**。當資產成長到這個程度，開戶的證券公司或許不只一家；或者也存在著確定提撥等不同種類的資產，所以自己的總資產想必變得難以掌握，另外需要一個將資產統整管理的地方。我會利用EXCEL製作簡單的表格，每月一次將分散的資產全部輸入管理。

接著**為了掌握目前持有的資產比例**，也將資產分成現金、股票等不同的類別確認（也可以使用Money Forward ME之類的APP管理）。這稱為「**資產配置（asset allocation）**」。

我也根據資產額決定了理想的資產配置比例，大致就像左頁下圖這樣的感覺。而我自己也打算在超過六十歲之後，逐漸將債券與現金的比例增加。

資產配置（asset allocation）的範例

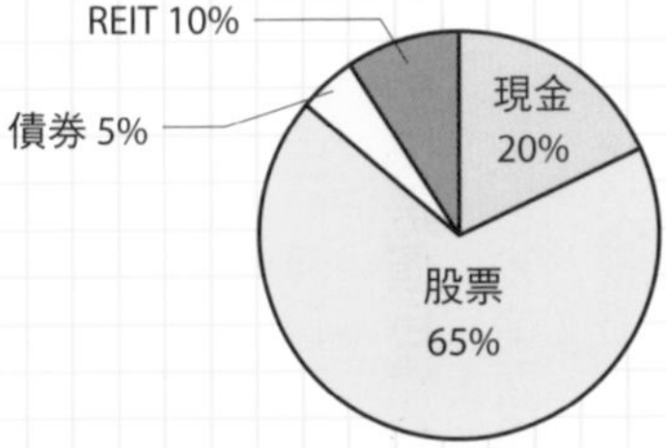

資產配置不是像投資組合那樣列出詳細的投資標的，而是將資產進行如下列一般的大致分類：

- 現金（日圓、其他貨幣）
- 股票（國內、先進國、新興國）
- 債券（國內、海外）
- REIT（國內、海外）

資產配置的理想比例

投資額 1000～5000 萬日圓	投資額 5000 萬～1 億日圓	投資額 1 億日圓～

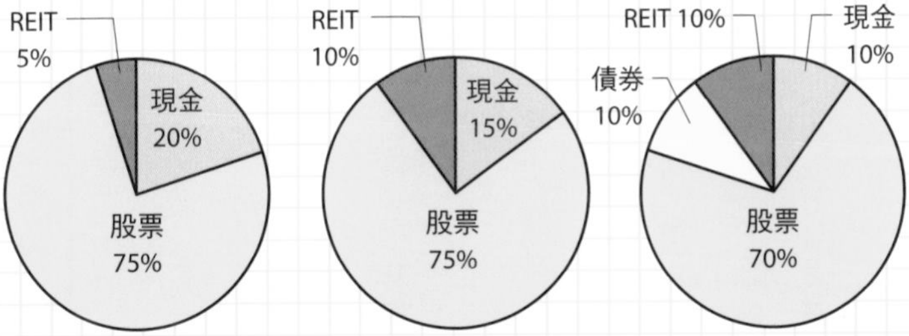

我認為**資產配置比投資組合更重要**，
所以建議一定要製作表格掌握。

INVESTMENT

23

理想的資產配置比例

接下來是主要持有的股票比例，這個部分的重點在於國內股票、先進國家股票、新興國家股票的占比各是多少。關於這個部分，每個人也都有各自的考量，因此很難說何者正確，但在左頁會介紹我的目標比例給各位參考。

由於我正在減少日本股票的比例，因此尚未達到左頁的目標，但我**盡可能地朝著這個目標分散持有。**

雖然我前面提到基本上建議以美股為中心，但１００％都是美股也有風險，因此美股頂多只是主要而非全部。

此外，由於日股能夠領取一定金額的日圓配息以及股東福利，因此也預定至少會保留20％的日股。

附帶一提，債券０％是因為我判斷資產未滿1億日圓，或是年齡未滿六十歲情況不需要購買債券。

1000 萬至 5000 萬日圓的建議比例

資產配置	目標比例
國內（日本）股票	25%
先進國家股票	40%
新興國家股票	10%
REIT	5%
債券	0%
現金（日圓・美元）	20%
合計	100%

如果全部都以基金形式持有，只買一檔全世界型股票基金也OK！

不過，在資產達到 1000 萬日圓以前，不需要考慮資產配置，只要定期定額購買基金即可！接下來再逐漸試著將其他商品也加入資產配置吧！

INVESTMENT

24 確保20%的現金以防暴跌

接下來的重點就是**現金比例。**

就如同前面也提過的，股價的波動幅度很大。因此為了防止大幅下跌，必須保有一定程度的現金。那麼該保有多少現金才好呢？我想在**資產未滿5000萬日圓的時候，可以保留20%。**

就如同一五六頁所介紹的，我所建議的投資方法是，將證券戶內儲蓄額的80%用來投資，剩下的20%則保留在證券戶裡，只要照著這個原則去做，就能隨時確保20%左右的現金。

不過，**當投資成績好的時候現金的比例會變低，反之成績不好的時候則會變高。**

所以如果股價有大幅變動，請隨時將一部分股票獲利了結，或是加碼買進等，**重新調整平衡。**

重新調整平衡的方法

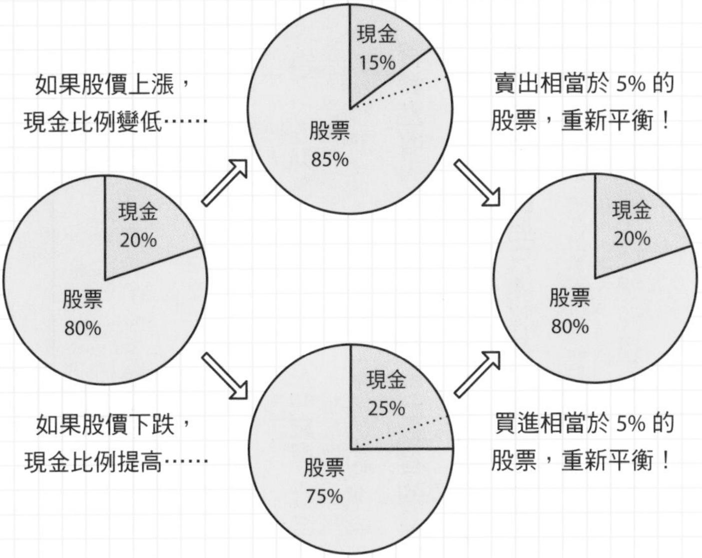

根據數字機械性地買賣，也能減少在暴漲時錯失獲利了結[1]的時機，或者在暴跌時大量地恐慌賣出[2]等 NG 行動。

1 獲利了結：在持有的股票上漲時賣出，確實將獲利部分化為現金。
2 恐慌賣出：在股價暴跌時，因為恐慌而急忙賣出。

當資產超過 5000 萬日圓時，或許也可以逐漸降低現金比例。
因為**保有 1000 萬日圓以上的現金，也只是可惜了這些現金而已。**因此最好將方向轉換成買進穩定的高配息股或債券。

INVESTMENT

25

生活費該用股息？還是該賣股票？

如果資產超過1000萬日圓，就可以思考開始過著微FIRE生活時，將資產收入作為生活費使用的狀況了。

本書介紹的微FIRE，預計動用資產的2.5%作為生活費。因此請確認這2.5%是該賣出一部分的資產，還是該以股息的形式領取。

舉例來說，如果所有的資產都以基金形式持有，由於不會配息，所以為了**獲得資產收入，必須每年從自己持有的基金中，賣出稅後2.5%。**

但如果持有個股，而**稅後股息超過2.5%以上，那麼資產就會自動在每年化為現金，因此只要將其中的2.5%領出即可。**

無論採用哪種方法，結果都是一樣的，因此可以根據自己的偏好選擇。不過，如果覺得「我想要領股息！」那麼就得買進會配息的商品，因此必須將主要的投資對象轉換成個股或ETF。

該如何將 2.5% 化為現金

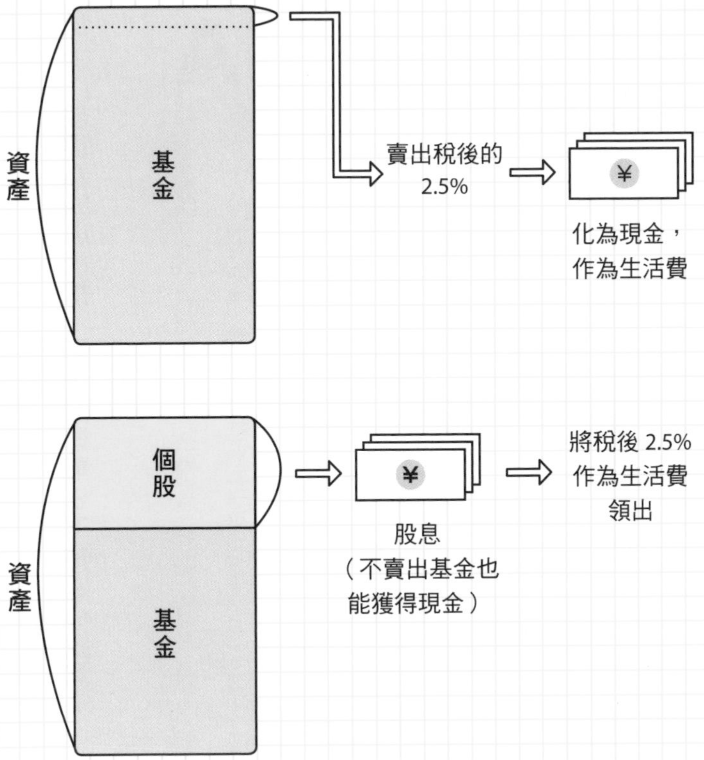

如果是存錢高手，資產 3000 萬日圓的稅後 2.5% 就是 75 萬日圓，因此需要 75 萬日圓的股息。
倘若是這種情況，在達成 1000 萬日圓之後，就停止定期定額投資基金，將剩下的 2000 萬日圓拿來投資年利率 4% 至 5% 的個股（高股息個股），就能確保在稅後也可獲得 75 萬日圓。

關於「增加資產」的Q與A

Q 我因為擔心虧損，所以遲遲無法下定決心投資……

A 投資最重要的就是持續。因為投資的期間愈長，虧損的機率就愈低。反之，投資期間愈短，就愈有可能賠本，因此也可能差點在中途放棄。我在最初的十年，也經歷過活力門事件與金融海嘯，資產曾有一段時間縮水到一半。

但我投資至今已經超過十五年，最深刻的感受是，股票市場會在波動當中緩慢成長，因此有時必須隨著波動加碼，有時則必須減碼，但是不能每次都被波動影響。

所以相信長期來看持續成長的股票市場，總而言之持續投入資金最重要。

話雖如此，實際上也有很多人覺得投資還是很可怕，盡量不想去碰吧？然而就現實來看，如果不透過投資「增加資產」，想要在期限內達到微FIRE的目標資金極度困難。

此外，相較於我開始投資的十五年前，現在已經能夠進行非常簡單，而且安全的投資了。剛開始當然會害怕，也需要勇氣，但請務必試著踏出這一步。

Q 雖然定期定額的指數型基金可以丟著不管，但有沒有什麼項目是每個月，或每幾個月需要確認的呢？

A 剛開始的時候頻頻確認損益對於心理健康沒有幫助，因此丟著不管是可以的。

不過就如同前面也寫到，當資產超過1000萬日圓後，請製作資產管理表確認每月的增減。

並且也在這時候確認該繼續定期定額投資指數型基金，還是該為了領取股息而切換成個股。

Q 我試著用定期定額購買基金了，但買了之後應該續抱比較好嗎？還是應該在某個時間點先賣出，再定期定額購買別檔基金呢？

A 基本上請一直續抱。如果中途賣出，在賣出時就需要繳稅，因此就長期投資的觀點來看不是好事（不過，現在的資本利得稅約20％，如果大幅增稅，或許也有必要先重置）。

如果想要重新平衡，請透過改變新買進的商品處理。

此外，NISA帳戶即使還沒達到投資期限，只要賣出還是會終止優惠。但如果不把免稅期間用滿就太可惜了，因此NISA的中途賣出更是禁忌。

Q 如果發生了像金融海嘯那樣的暴跌該怎麼辦呢？

A 如果發生暴跌，現金比例應該會增加才對，就將現金比例超過20%的部分拿來加碼吧！加碼完畢後，就算出現大幅虧損，也請視而不見！

我在金融海嘯時也不再查看證券帳戶，全心全力投入本業的工作（笑）。

此外，最近發生疫情時我也因為培養出了對於暴跌的耐受性，所以反而覺得開心，心想「加碼的時機終於來了——♪」。

只要像這樣長期投資，耐受性就會變得愈來愈高，所以別擔心。

Q 將存款的80%挪用到投資太可怕了，我做不到，該怎麼辦呢？

A

將大部分的積蓄投入不保證回本的股票市場，難免會感到抗拒吧？不過，FIRE就是透過投資實現早期退休的行為。

當然也有人只靠存款達成，但普通人如果想要達成微FIRE，就不得不根據一五六頁所介紹的，將存款的80%用在投資。

不過，當然也不需要勉強自己這麼做，但我想這時候與其把微FIRE當成目標，不如說是為了建立讓將來安心的資產，在自己容許的範圍內逐漸養成投資的習慣。

FIRE

CHAPTER

5

終於達成微 FIRE！

目標資產額已經近在眼前，終於要展開微 FIRE 的生活了！雖然很想這麼說，但在這之前有幾件事情想要再次確認。為了過著自由愉快的微 FIRE 生活，接下來整理了一些各位可以做最後確認的事項。

FIRE

01 暫停一下！想想看自己真的想過微FIRE的生活嗎？

首先，當微FIRE的資金突破1000萬日圓大關時，有一件重要的事情希望各位確認。

那就是**一路走來為了達成微FIRE而建立資產，真的是自己理想中的樣貌嗎？**

我常聽說在建立資產的過程中，因為太過執著於這點，結果生活變得太像守財奴，回過神來發現這樣的狀況完全稱不上幸福。畢竟回過頭來看，也犧牲了很多事物吧？

這當中當然也有一些必要的犧牲，**但是否連真的能讓自己變得幸福的事物都放棄了呢？**

達成微FIRE固然重要，**但如果將微FIRE與其他事物放在天秤兩端比較，發現其他事物更重要，就必須以其他事物為優先。**因此，需要再一次仔細思考，自己在人生中最想追求的到底是什麼。

老實說，**即使只是存到1000萬日圓也已經非常厲害了。**

我想能夠走到這一步，也已經養成了建立資產的習慣，即使在這個時候轉換目標，你的人生想必還是一片光明！

· 放棄了曾經喜歡的興趣
· 忍住不買所有想要的東西
· 放棄買房
· 放棄買車
· 放棄交男女朋友
· 放棄結婚
· 放棄生小孩
……我是否連真的能讓自己變得幸福的事物都放棄呢？

FIRE

02 重新思考人生計畫

那麼，如果在超過1000萬日圓後也持續不斷地建立資產，想必很快就會達到目標金額了吧！

存錢高手與精打細算女士是3000萬日圓，很會賺小姐則是4000萬日圓。當這個金額終於近在眼前時，請重新想一想今後的人生計畫。

如果從三十歲開始以微FIRE為目標，精打細算女士應該會在四十歲出頭、存錢高手與很會賺小姐則應該會在將近五十歲時達成。

到了這樣的年齡，必定也能在一定程度上確定是否結婚、有沒有孩子，以及是否需要照護父母，或者能否獲得父母的資金援助吧？

因此，**接下來只要再一次確認是否真的能夠靠自己建立的資產過活即可。**

雖然照理來說，只要達成書中說明的資產額，就能開始微FIRE的生活，但想必也有人**因為不安而無法下定決心。**

「不然等到再增加1000萬日圓後再開始好了……」等，或許也會在這時改變計畫。

但是必須注意的是，如果一年拖過一年……**也可能將微FIRE的時間不斷延後，回過神來就變成普通的退休了（笑）。**這就是一般所說的One More Year Syndrome。

當然，完全不要勉強自己懷抱著不安從公司辭職，但如果盲目地增加過多的資產，也只會多到用不完而已。

金錢只不過是達成目的的手段。因此，如果這時決定還是繼續當個上班族，就請有效地使用至今存下的資產，摸索在微FIRE之外，讓人生變得更豐富的方法。

當然，再多存下一倍的資產，轉換成完全FIRE的方向也沒問題！

FIRE

03 微FIRE後該做什麼工作？

如果暫時停下來思考之後，依然下定決心「我還是要選擇微FIRE！」也必須具體考慮該如何確保勞動收入。請在辭去公司的工作之前，在一定程度上掌握自己是否能夠確保生活所需的勞動收入吧！

①成為自雇者

如果每個月已經能夠靠著副業賺約5萬日圓，建議就把副業當成本業。**請挑選副業當中最順利的那項擴大規模吧！**實際上我也依循著這個模式，這麼一來即使在微FIRE之後，也足以依靠這項事業生活。

②從事兼職

副業經營得不順利，或是覺得不有趣的人，**也可以在喜歡的業界兼職。**或者也可以像我的母親那樣，以約聘員工或非正式員工的身分，再度回到原本的公司工作。我的母親表示，雖然從事全職工作並擔任管理階層時相當痛苦，然而當工作時間減半，也卸下管理職位後，工作起來就變得非常愉快了！

③移居郊外，降低生活開銷

搬到郊外脫離高開銷的都會生活以降低生活費，藉此盡量減少勞動也是一種模式。

我家因為老公在市區工作，而且還要養車，所以生活費偏高，但如果搬到郊外房租低，沒有車也勉強能夠過著便利生活，生活費就能大幅減少。

現在被譽為半退休聖地的大分縣某處，房租大約1萬日圓似乎是常態。所以如果能夠在這樣的地方過著微FIRE生活，即使只靠現在數萬日圓的副業收入與資產收入，或許也足以維生。

④搬到真正的鄉下，過著半自給自足的生活

雖然難度較高，但搬到真正的鄉下過著半自給自足的生活也是一種選擇。但這種情況應該需要車，而且如果對於昆蟲與野生動物沒有一定程度的耐受性，想必也相當勉強吧。

不過，如果原本就以這種生活為目標，那就是個充分有可能的選項。而且還可以結合其他事業，譬如透過YouTube介紹這樣的田園生活等。

倘若能夠享受這樣的生活，這應該是最佳解決方案吧！

FIRE

04 也請想想微FIRE後該住哪裡？

開始過著微FIRE的生活後，確保居住的場所成為另一件重要的事情。如果現在住的地方可以繼續住下去就沒問題，但如果考慮移居郊外或鄉下，就必須趁著還在上班的時候評估可能性。

我之所以會這麼說，是因為**變成無業之後，就可能很難租到房子。**如果在辭職之後嘗試移居才發現找不到住的地方，那就糟糕了。

所以，最好事先找好目標，或者如果距離現在住的地方不遠，趁著還在上班有信用時先搬家也是一個方法。

除此之外，買房也是一種選擇。如果是稍微不方便的郊區都市或鄉下，只要200萬至500萬日圓就能買到獨棟房屋。而且有時候考量租金成本，買下來反而還比較划算。

這麼一來，毅然決然地買房，不也是一種出乎意料的手段嗎？

不過，如果想要購買５００萬日圓以上的物件，建議趁著還有上班族的信用時先貸款買下。

現在房貸的利率非常低，只有不到１％，因此，可以的話最好使用房貸，將資產保留下來。

FIRE

05 如果真的持續過著提領2．5%的生活，最後資產會如何變化呢？

我想也有很多人會好奇，如果真的持續過著提領2．5%的生活，資產最後會變成多少。所以，在此就依照達成微FIRE之前照著本書的說明投資、在達成所需資產時離職（假設離職金為500萬日圓或400萬日圓，其中的100萬日圓用來繳納第一年的住民稅與保險費），接下來就根據2．5%法則提領資產作為生活費的情況進行試算（為了簡化計算，到了六十五歲就全部變現）。

計算時假設股票的年利率是5%，考量到提領稅後的2．5%作為生活費，剩下的約2%仍會繼續累積。因此**就算提領2．5%，資產還是會因為投資而緩慢增加，而作為生活費提領出來的2．5%，金額也會逐漸增多。**即使從開始領取年金的六十五歲之後不再勞動，增加的資產還是達到能夠將大部分的生活費控制在2．5%以內的程度。因此加上年金後也不再需要提領到2．5%這麼多，資產的增加率說不定會再提升。

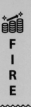

100歲前的資產額變化預測（存錢高手）

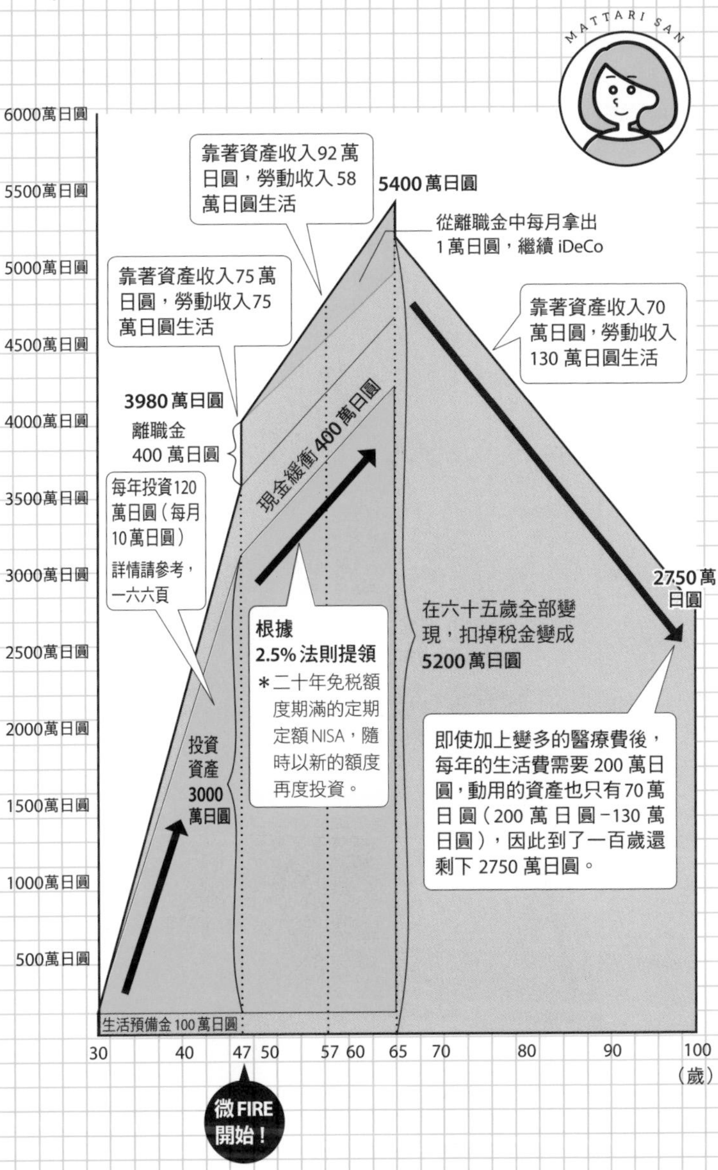

100 歲前的資產額變化預測（很會賺小姐）

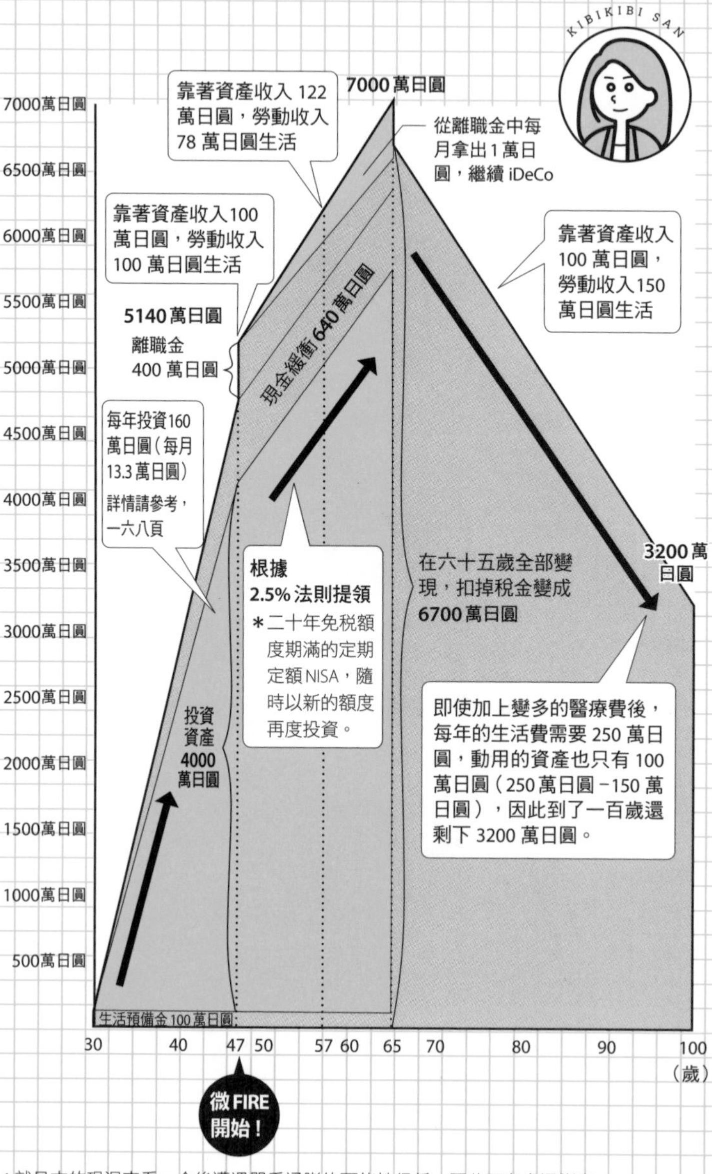
KIBIKIBI SAN
7000萬日圓
6500萬日圓
6000萬日圓
5500萬日圓
5000萬日圓
4500萬日圓
4000萬日圓
3500萬日圓
3000萬日圓
2500萬日圓
2000萬日圓
1500萬日圓
1000萬日圓
500萬日圓
靠著資產收入 122 萬日圓，勞動收入 78 萬日圓生活
7000 萬日圓
從離職金中每月拿出 1 萬日圓，繼續 iDeCo
靠著資產收入100萬日圓，勞動收入100 萬日圓生活
靠著資產收入100 萬日圓，勞動收入150 萬日圓生活
5140 萬日圓
離職金 400 萬日圓
現金緩衝 640 萬日圓
每年投資160萬日圓（每月13.3 萬日圓）詳情請參考，一六八頁
根據 2.5% 法則提領
＊二十年免稅額度期滿的定期定額 NISA，隨時以新的額度再度投資。
在六十五歲全部變現，扣掉稅金變成 6700 萬日圓
3200 萬日圓
投資資產 4000 萬日圓
即使加上變多的醫療費後，每年的生活費需要 250 萬日圓，動用的資產也只有 100 萬日圓（250 萬日圓 −150 萬日圓），因此到了一百歲還剩下 3200 萬日圓。
生活預備金 100 萬日圓
30
40
47
50
57
60
65
70
80
90
100
（歲）
微 FIRE 開始！

*就日本的現況來看，今後遭遇嚴重通膨的可能性很低，因此不考慮通膨率。

100 歲前的資產額變化預測（精打細算女士）

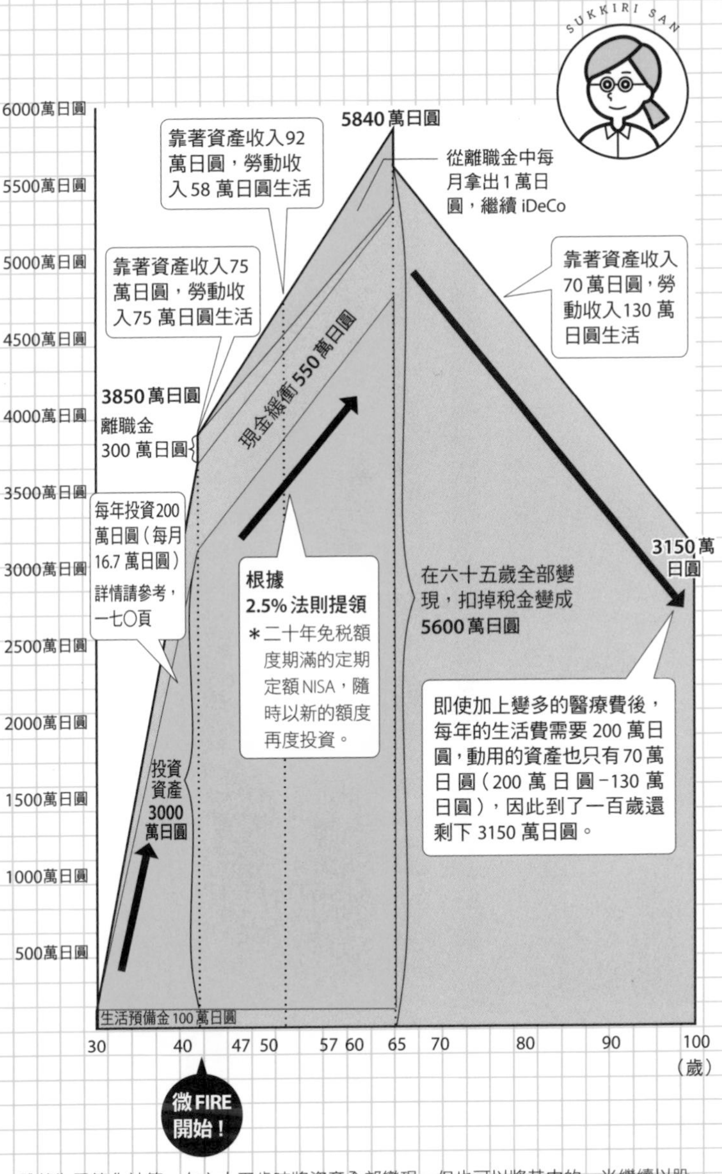

＊雖然為了簡化計算，在六十五歲時將資產全部變現，但也可以將其中的一半繼續以股票的形式持有。這種情況就很有可能留下更多的資產。

FIRE

06

達成微FIRE後，具體來說每個月該賺多少呢？

根據五十八至五十九頁，以及六十二至六十三頁的試算，存錢高手與精打細算女士每年需要的勞動收入為75萬日圓，而根據六十一至六十二頁試算，很會賺小姐每年需要的勞動收入則為100萬日圓。

微FIRE後的生活費會隨著居住的場所而改變，因此與剛開始模擬計算的結果有若干出入的情況也不少。

不過，這裡還是假設生活費與還在上班時相同水準，同時也將稅金等考慮進去，試著算出**具體來說每個月該賺多少錢才足以維持微FIRE生活**（在此根據像我這樣在自家從事網路事業的自雇者的情況進行試算）。

無論賺錢還是存錢
都能努力的

「精打細算女士」

不擅長賺錢
但是很會存錢的

「存錢高手」

每個月必要的收入

10 萬日圓

這二種類型每年必要的勞動收入為 75 萬日圓。如果每個月能夠確保 10 萬日圓的收入，一年就有 120 萬日圓。如果能夠以經費（部分房租、水電費、通信費、電腦等機器的費用）的名目扣除約 20 萬日圓，所得就變成 100 萬日圓，因此，只要充分運用藍色申報（譯註：根據規定型式記載帳務，可在稅金方面享有各種優惠的申報制度）等的扣除額，就幾乎不需要繳稅。

因此，就算扣掉各種微薄的稅金與國民健康保險費、國民年金約 25 萬至 30 萬日圓（依地方而異），還是能夠確保實領 80 萬至 90 萬日圓。

除此之外，在所得這麼低的情況下，甚至也有機會根據條件使用免除制度，將國民健康保險費壓得更低。

擅長賺錢，
但是不擅長存錢的

「很會賺小姐」

每個月必要的收入

12 萬日圓

很會賺小姐每年必要的勞動收入為 100 萬日圓。如果每個月賺 12 萬日圓，一年就賺 144 萬日圓。若將其中的 30 萬日圓申報為經費，所得就是 114 萬日圓。

這種情況下也幾乎不需繳納各種稅金，因此即使同樣從 144 萬日圓中扣掉 25 萬至 30 萬日圓，依然能夠確保實領 100 萬日圓以上。

怎麼樣呢？如果每個月只需要賺10萬至12萬日圓，想必多數人只要從事集點活動，並且從七十四頁介紹的副業中挑幾項穿插著做，就足以賺到了吧？此外，如果像前面寫的一樣，搬到郊外壓低生活開銷，即使用更少的金額也能夠生活。

再者，無論哪種類型，如果有股息，也可以利用股息扣除額增加更多實領金額。換句話說，如果巧妙運用郊外生活和股息扣除額，**完全FIRE說不定也不是夢！**

或者反過來像我一樣，賺得更多也是有可能的。

雖然這麼一來稅金的負擔就會一口氣增加，但**靠著想做的事情過活，也是微FIRE的精髓。**

像這樣**能夠自由選擇任何一種勞動方式才是微FIRE。**

請在真正辭職之前，盡可能地具體描繪想做的事情，以評估能夠獲得什麼程度的收入吧！

結語

未來多樣化的生活型態將逐漸增加

大約十五年前還在找工作的時候，我的目標是成為大型企業的正職員工。雖然我在當時也已經知道資本家這種生活型態，但還是覺得身為沒有金融資本的庶民，在穩定的地方工作終究還是最佳選擇。

然而剛出社會時，年薪連300萬日圓都不到，每天去公司上班時都抱持著莫大的不安與不滿。

即便是公司的高階主管，我也不覺得他們看起來經濟寬裕，這不禁讓我心想，即使在這家公司工作，奉獻大半人生，終究也只能維持平均的生活嗎？

於是，我憑著「總有一天要成為資本家！」的想法，從微薄的薪水中多少撥出一點存起來。

最後，**連我這種絕對稱不上高收入的粉領族，也在三十歲出頭時，成功地建立了3000萬日圓這麼一筆資產。**

後來發生了種種事情，我雖然放棄了正職上班族的頭銜，也失去了穩定的收入，**卻透過微FIRE獲得了更大的幸福。**

無論上班族這個地位有多麼穩定，沒有自由的人生我依然敬謝不敏。

就我的情況來看，工作本身我是喜歡的，當時從事的工作也想要長期做下去。但問題就在於「工時太長」。

我想**只要持續這樣的生活型態，就會因為身為上班族的工時太長，而完全沒**

有時間花在其他想做的事情上。

這樣的人生真的好嗎？

現在透過網路，已經有各式各樣能夠賺錢的方法。投資也一樣，直到二十年前，都還無法像這樣輕鬆地透過網路買進股票，投資是一部分握有大量資金者的特權。

所以今後想必會有愈來愈多採取自由工作型態的人。

現在可說是已經進入了這樣的時代。

名為「資產」的分身所帶來的安心感非同小可！

即使我放棄「上班族」這個穩定的地位，也不至於太過不安，其中一項重要因素就是擁有了一筆資產。

現在到了三十多歲就擁有超過6000萬日圓的個人資產，而我深刻感受到**金錢是讓自己安心、穩定的精神安定劑。**

偶爾會有人說，像我這樣的生活型態不就只是自營業嗎？但是否擁有這筆資產，就是單純的自營業與微FIRE的差異。

我在資產達到3000萬日圓時，明顯置身於莫大的安心感當中，這讓我感受到過去未曾感受過的「有錢的力量」。

我因為能夠存到這麼一大筆錢而對自己產生自信，也因為擁有一大筆資產而獲得精神上的安心感，過去我一直覺得自己的等級只有大約三十五，但從此之後似乎就一口氣升到七十級。

資產能讓自己擁有這樣的自信，並產生享受人生的餘裕。

此外，就如同本書不斷強調的，**資產就是自己的分身。**資產在自己辛苦的時候或危機的時候，必定能夠成為助力。所以我認為不管是否要以微ＦＩＲＥ為目標，任何人都應該建立能夠在經濟上獨立的資產。

實際開始微FIRE生活三年的心得

我開始微ＦＩＲＥ的生活已經過了三年。

雖然也有人問我：「不會膩嗎？」但我開始微ＦＩＲＥ之後，也挑戰了各式各樣的事業，根本沒有閒工夫覺得膩（笑）。

不過，如果完全退休，或許會覺得膩吧？現在深刻感受到，為了愉快地享受人生，還是需要個人資本與社會資本。

現階段我想要盡量延長在第一線工作的時間，因此打算持續微ＦＩＲＥ的生活直到八十歲！

畢竟經營事業還是很有趣。

「**輕鬆、愉快地長期工作**」最是理想。

我也常被問到：「不會擔心經濟問題嗎？」但只要去看二〇五頁的預測就能知道，如果能夠遵循２．５％法則就十分安穩，而我的資產收入與事業收入也幸運地比遠本的預測增加更多，**因此目前完全不擔心。**

不過，我的微ＦＩＲＥ生活也才剛開始而已。

所以其實我也不清楚，今後如果遭遇像金融海嘯般的暴跌會發生什麼事情。

不過，在我還不知道ＦＩＲＥ的概念就開始半退休的生活時，作夢也想不到這樣的生活型態會成為焦點。

大約從一年前開始，關於ＦＩＲＥ的工作委託增加，生活變得遠比想像中隱居般的半退休生活忙碌，讓我有點驚訝。

不過這也是時代的潮流吧？

我非常贊成像這樣逐漸增加多樣化的生活型態！

女性更應該以微FIRE為目標

說到半退休或FIRE，經常都是男性的目標。

儘管現在也有愈來愈多女性加入，但在我剛開始朝著半退休邁進的二〇一七年，幾乎沒有其他女性。

我認為最主要的理由有二，一是過去女性的年收入無論如何都比男性低，難以建立足以達成半退休的資產，以及如果能夠結婚，在經濟上依賴男性，就沒有必要建立自己的資產了。

但時代也慢慢在改變，即使身為女性，也能夠獲得與男性相當的收入了。尤其網路上的事業，幾乎與性別無關。

而且遺憾的是，就目前日本的經濟狀況來看，因為社會保險費增加等原因，平均實領薪資每況愈下，因此在經濟上只依靠男性也逐漸變得困難。

所以**即便身為女性，現在也應該追求經濟上的獨立。**

然而，女性獨有的劣勢至今依然存在。

懷孕、生產、育兒帶來了對肉體的傷害與對職涯的傷害。

中年之後，荷爾蒙失調導致的身體狀況不佳與體力變差的狀況，也比男性更加顯著。

正因為有這些劣勢，我才更希望女性能夠建立自己的資產。

如同我一再強調的，自己的資產就是自己的分身。

能夠彌補因為懷孕、生產而減少的薪水。

想要專心帶孩子的時候，你的資產就能在你盡情育兒的期間代替你工作。

而像我的母親一樣，到了五十多歲體力顯著下滑，工作已經力不從心時，也可以辭去工作稍微輕鬆一下。

此外，至今也有一定人數的女性嚮往當家庭主婦，但現在愈來愈少只憑一己之力就足以支撐家庭的高收入男性。

所以，**與其尋找這些稀少的高收入男性，建立自己的資產反而簡單得多，而且既然是自己的資產也能自由運用，因此比起家庭主婦，絕對更推薦把微FIRE主婦當成目標。**

經濟獨立帶來真正意義上的自由

話雖如此，我想無論是單身還是已婚、男性還是女性、有工作還是沒工作，對所有人而言，經濟獨立就需要盡量建立更多的資產。

因為如果有資產，人生的選項就會增加。

如果有資產，不只能夠達成微FIRE，還能……

- **挑戰有風險的創業**
- **生養許多孩子**
- **放心去買想要的東西**
- **幫助有困難的人**
- **花好幾年環遊世界**
- **什麼都不做，只是放空**

只要在經濟上依賴別人，就無法獲得真正意義上的自由。

舉例來說，未成年的時候只要仍靠父母撫養，就必須在一定程度上聽父母的話；而只要靠配偶撫養，沒有自己名下的資產，基本上也無法自由行動。

此外，金錢恐怕也會造成夫妻之間權力關係的優劣。

經濟上的獨立，指的是在精神上也能獨立。

任何事情都是如此，大家都會想靠自己的意志做事情吧？我想能夠做到這點，才是真正的自由。

我從小學的時候就是麥可．傑克遜的粉絲，他的歌曲當中有一首叫做「Man In The Mirror」。

這首歌曲中含有這樣的訊息：想要更加改善現在的狀況時，使先必須改變鏡中的男人，也就是鏡子裡反射的自己。

如果把期待放在國家與周遭，自己除了等待之外什麼也不做，就不會知道甚麼時候才會改變、是否真的能夠改變吧？

過著屬於自己的人生、自己想要的生活才是贏家。

所以從現在，這個瞬間面對那個想要成為的自己，讓自己一點一滴地改變吧！

二〇二二年冬　三十歲左右退休管理人　阿千

圖解／半工作半退休的微FIRE理財計畫

上班族也能無痛實現的財務自由

作者 「三十歲左右退休」管理人 阿千
譯者 林詠純
版面設計 高橋明香
繪圖 ハザマチヒロ
主編 劉偉嘉
校對 魏秋綢
排版 謝宜欣
封面 萬勝安
社長 郭重興
發行人 曾大福
出版 真文化／遠足文化事業股份有限公司
發行 遠足文化事業股份有限公司
地址 231 新北市新店區民權路 108 之 2 號 9 樓
電話 02-22181417
傳真 02-22181009
Email service@bookrep.com.tw
郵撥帳號 19504465 遠足文化事業股份有限公司
客服專線 0800221029
法律顧問 華陽國際專利商標事務所 蘇文生律師
印刷 成陽印刷股份有限公司
初版 2022 年 12 月
定價 380元
ISBN 978-626-96591-4-2

歡迎團體訂購，另有優惠，請洽業務部 (02)2218-1417 分機 1124

特別聲明：有關本書中的言論內容，不代表本公司／出版集團的立場及意見，由作者自行承擔文責。

國家圖書館出版品預行編目 (CIP) 資料

圖解／半工作半退休的微 FIRE 理財計畫：上班族也能無痛實現的財務自由／「三十歲左右退休」管理人 阿千著；林詠純譯．-- 初版．-- 新北市：真文化出版，遠足文化事業股份有限公司發行，2022.12
面；公分 --（認真職場；24）
譯自：ゆる FIRE：億万長者になりたいわけじゃない私たちの投資生活
ISBN 978-626-96591-4-2（平裝）
1. CST: 理財 2. CST: 投資
563 111018807